# 101

## Perguntas e Respostas
## sobre Fundos Imobiliários

& O desempenho dos FIIs no contexto da crise do Coronavírus

CB002214

**PROFESSOR MARCOS BARONI & JEAN TOSETTO**

# 101

## Perguntas e Respostas sobre Fundos Imobiliários

& O desempenho dos FIIs no contexto da crise do Coronavírus

São Paulo | 2021

# SUMÁRIO

dividendos? Pelo valor que aporto por mês, acho que é melhor procurar ações com possibilidade de valorização e que paguem dividendos, para depois migrar para FIIs em busca da renda mensal e uma certa estabilidade. Minha lógica é correta?

## III – ASPECTOS TÉCNICOS

um fundo imobiliário está a caminho de se tornar insolvente? [52]

35) Existe a figura do *turnaround* para fundos imobiliários, quando um FII reverte uma eventual situação crítica? [53]

36) Nestes anos todos do mercado de fundos imobiliários, introduzido no Brasil na década de 1990, há algum que tenha fracassado completamente? Poderiam estabelecer uma relação entre os fundos que não deram certo e os fundos bem-sucedidos? [54]

37) Qual seria o impacto do fim da isenção de IR sobre rendimentos de FIIs em carteira de longo prazo? [55]

## V – TAXAS & TRIBUTOS [57]

38) Não possuo rendimentos mínimos para fazer a Declaração de Imposto de Renda. Mesmo assim preciso declarar meus FIIs? [57]

39) Qual o código do DARF para FII e onde posso emiti-lo? [57]

40) Quando tenho DARF menor que R$ 10, não preciso pagar nunca? [58]

41) Comprei um FII e apareceu no extrato provisionado da minha corretora (ou do CEI da B3) que irei pagar imposto de renda. O que aconteceu? [58]

42) Como fica o cálculo de IR numa situação em que compro e vendo o mesmo ativo em duas corretoras diferentes? Devo calcular o imposto de renda com base no preço médio para cada corretora ou consolidado? [59]

43) Posso vender até R$ 20 mil por mês em fundo imobiliário e não pagar imposto de renda? [59]

imobiliários? Quando fui financiar um imóvel, levei em consideração a sua idade, haja vista que sua expectativa de utilização girava em torno de 100 anos. Isso está correto? Quando se fala em *Retrofit* , remete-se a essa ideia? [68]

56) Os FIIs de lajes corporativas com vacância entre 15% e 18% estão em uma boa situação? [69]

57) Quando se fala em fundos de *shopping centers*, o que são lojas âncoras, satélites e megalojas? Por que saber o percentual de cada uma que compõe o portfólio é importante? Que conclusões se pode tirar com base nessa informação? [70]

58) A respeito dos FIIs que possuem silos e armazéns de grãos: segundo o IBGE, o Brasil possui um déficit de aproximadamente 30% no armazenamento de grãos. Quais seriam os desafios desse setor específico e quais as perspectivas de investimentos dos FIIs nesse tipo de ativo que ainda tem muito espaço para crescer no Brasil? [72]

59) Como investidores que não moram em São Paulo podem identificar quais são os melhores bairros ou regiões para investir nessa cidade, que é o principal mercado de fundos imobiliários? [73]

## VIII – FUNDOS DE RECEBÍVEIS / PAPÉIS [74]

60) Quais fatores devemos usar para analisar um FII de papel e qual o peso de cada um deles? [74]

61) Quais seriam as principais vantagens e desvantagens dos fundos de CRIs (papéis)? [74]

62) Costumamos ouvir que fundos de papéis precisam

ser alimentados na carteira constantemente, para não
perder valor, pois não são corrigidos pela inflação.
Já os fundos de tijolo teoricamente pagam menos por
mês, porém corrigem pela inflação. Está correto isso?   [75]

63) Fundos de papéis (CRIs) se valorizam com altas da
taxa da Selic, assim como se desvalorizam com a queda
dessa taxa básica de juros?   [76]

64) Como ficam os fundos de recebíveis se a inflação for
alta e, consequentemente, aumentar a taxa Selic?   [76]

## IX – ANÁLISE   **[77]**

65) Como saber se vale a pena investir em um FII?   [77]

66) Cada indicador para analisar FIIs possui importância
e relevância. Porém, para fazer uma análise inicial,
quais seriam os indicadores essenciais?   [77]

67) Seria recomendado não comprar FII com P/VP acima
de 1, pois estaria caro demais?   [79]

68) Liquidez é um problema para investir em FIIs?   [80]

69) Onde consigo informações sobre a qualidade e
capacitação dos gestores de FIIs?   [81]

70) Como entro em contato com o gestor de um FII?   [81]

71) Supondo que fiz meu trabalho de casa e que, ao
analisar um fundo, estou satisfeito com o gestor e o
portfólio, como estabelecer um preço teto? 5% acima
do valor da cota patrimonial parece razoável?   [82]

72) Normalmente, consideramos um prêmio de 2% a 3%
acima de NTN-B (Título Público / IPCA+) para que
um FII possa se apresentar atrativo. Esta premissa não
deveria considerar a inflação?   [83]

## X - COMPOSIÇÃO DE CARTEIRA

## XI - EMISSÕES & SUBSCRIÇÕES

92) Por que algumas emissões não possuem negociação (compra ou venda) dos direitos de preferência ou não apresentam período de sobras aos investidores?

93) Quando um FII lança uma nova subscrição, se um investidor não participa e se deixa ser diluído, seu rendimento mensal irá diminuir?

## XII – CONSELHOS E OPINIÕES

94) Qual o melhor momento para comprar FIIs? Esperar o novo ciclo de subida de NTN-B de longo prazo para começar a comprar? Ou fazer aportes mensais de acordo com os tetos dos preços das cotas dos FIIs?

95) Até onde sei, os FIIs se beneficiam com a queda da taxa Selic. Diante de um aumento da Selic, como poderíamos nos beneficiar com os FIIs?

96) Os períodos de eleições podem trazer volatilidade para os fundos imobiliários? Devo esperar para comprar ou aproveitar alguma oportunidade de baixa?

97) Sou aposentado e uso os dividendos recebidos dos FIIs para cobrir grande parte das minhas despesas familiares recorrentes. Em que devo focar minha atenção? Tenho cerca de R$ 1,2 milhão, que me rendem ao mês algo como R$ 7.500. Minha carteira está dividida entre fundos de tijolos, FOFs, fundos de desenvolvimento e fundos de papéis. Qual deve ser minha atenção em relação ao patrimônio e renda futura?

98) Cada vez mais pessoas investem em FIIs. Os fundos imobiliários vão continuar uma boa fonte de renda e um bom modo de construir patrimônio, mesmo com muito mais gente investindo na área?

99) Atualmente, a base de investidores de FIIs é composta em sua maioria por pessoas físicas. Mas aos poucos vemos ingresso de agentes institucionais neste segmento do mercado. A entrada destes *players*, em tese mais sofisticados, é algo bom ou ruim a longo prazo? Será que a indústria de FIIs deveria ter como foco somente os investidores pessoas físicas?

100) Será que os rendimentos dos fundos imobiliários podem ser comprimidos cada vez mais no futuro? Haja vista o possível ingresso de investidores de elevado patrimônio líquido, que costumam segurar as cotas, fazendo crescer a demanda por FIIs de forma mais rápida do que o potencial imobiliário no país pode suprir.

101) O que a indústria de FIIs tem de fazer para crescer mais ainda?

# A MISSÃO DA SUNO RESEARCH

A cada geração, uma parte da humanidade se compromete a deixar o mundo um lugar melhor do que encontrou. Esse contingente populacional acredita que, para tanto, é preciso investir em inovações.

Foram as inovações promovidas pela humanidade, ora confundidas com descobertas, ora com invenções, que nos tiraram da Idade da Pedra e nos colocaram no olho do furacão da Era Digital.

Nos últimos séculos, quase todas as inovações científicas e tecnológicas foram difundidas pelas instituições empresariais, sejam elas privadas ou públicas, visem elas lucros ou não.

Grande parte das empresas que promoveram inovações recorreu ao mercado de capitais para obter financiamentos para os seus projetos. Essa premissa continua válida.

Os países onde os mercados de capitais são mais desenvolvidos concentram também as empresas mais inovadoras do planeta. Nos Estados Unidos, milhões de pessoas investem suas economias nas Bolsas de Valores.

Uma parcela significativa dos norte-americanos obtém a independência financeira, ou o planejamento da aposentadoria, associando-se com grandes empresas que movimentam a economia global.

São bombeiros, advogados, professoras, dentistas, zeladores, ou seja, profissionais dos mais diversos tipos que se convertem em investidores, atraindo empreendedores de várias origens, que encontram dificuldades de empreender em sua terra natal.

No Brasil, o mercado de capitais ainda é muito pequeno perto de sua capacidade plena. Até 2017, quando a Suno iniciou suas operações, menos de um por cento da população brasileira investia através da Bolsa de Valores de São Paulo.

A missão da Suno Research é justamente promover a educação financeira de milhares de pequenos e médios investidores em potencial.

Como casa independente de pesquisas em investimentos de renda variável, a Suno quer demonstrar que os brasileiros podem se libertar do sistema público de previdência, fazendo investimentos inteligentes no mercado financeiro.

O brasileiro também pode financiar a inovação, gerando divisas para seu país e se beneficiando dos avanços promovidos pela parceria entre investidores e empreendedores.

O investidor brasileiro em potencial ainda tem receio de operar em Bolsa. Vários são os mitos sobre o mercado de capitais, visto como um ambiente restrito aos especialistas e aos mais endinheirados.

A facilidade para realizar aplicações bancárias – embora pouco rentáveis – e os conflitos de interesse de parte das corretoras de valores, que fornecem análises tendenciosas de investimento visando comissões com transações em excesso, são fatores que também distanciam muita gente do mercado financeiro nacional.

Como agravante, a Suno tem em seu segmento de atuação empresas que fazem um jogo publicitário pesado, oferecendo promessas de enriquecimento que não se comprovam na realidade. Não existe enriquecimento rápido; tal possibilidade ocorre no longo prazo.

Por meio de seus artigos, análises de empresas e fundos imobiliários, vídeos, cursos e também livros como este, a Suno vem para iluminar a relação do brasileiro com o mercado de capitais, que, se não tem a solução para todos os problemas, é parte do esforço da humanidade para deixar este mundo melhor, por meio de investimentos em valores monetários, morais e éticos.

# PREFÁCIO

## *Professor Marcos Baroni*

### FIIs: fontes de renda e de tranquilidade

O mercado de fundos imobiliários está em franco crescimento – isto não é novidade. Particularmente, acredito que, nesta década que se iniciou em 2020, teremos uma grande consolidação e esta classe de ativos estará cada vez mais presente na vida do brasileiro.

A cada mês, são milhares de novos investidores que chegam ao mercado com flagrante carência de informações para que possam pautar suas decisões. O que fazer? Não há resposta binária. Não é fácil lidar com toda esta "sopa de letrinhas". Tento ajudar de todas as formas: vídeos, *lives*, *posts*, artigos, dentre outras formas de comunicação.

NÚMERO DE INVESTIDORES

Evolução do Número de Investidores com posição em custódia (mil)

De acordo com o Boletim do Mercado Imobiliário publicado pela B3 em junho de 2021, o número de investidores em FIIs ultrapassou a marca de 1,4 milhão (fonte: http://www.b3.com.br/pt_br/produtos-e-servicos/negociacao/renda-variavel/fundos-de-investimentos/fii/boletim-mensal/ – *link* acessado em 09/08/2021).

É fato que este mar de informações ajuda, mas também pode confundir. Refletindo melhor, pensei: como agrupar tudo isto? Estou convencido de que um livro é a melhor forma de concatenar as principais dúvidas e, para isto, optei por seguir o clássico modelo de perguntas e respostas, por acreditar que é a forma mais eficiente de transmitir informações e levar conhecimento às pessoas.

Antes de partirmos para as 101 questões, porém, quero destacar alguns pontos fundamentais que todo investidor de fundos de investimentos imobiliários – FIIs – deve considerar antes de prosseguir em sua jornada rumo à independência financeira.

## Patrimônio & renda

Entre os aspectos mais importantes para pontuar sobre os FIIs, inclui-se o fato de que eles possuem dois componentes relevantes para a carteira previdenciária, que são a proteção via lastro patrimonial e a geração de renda. Os fundos imobiliários são ativos que se retroalimentam em função destas duas características.

Veja como uma coisa cíclica leva a outra: a partir do momento em que os ativos produzem renda, você consegue aumentar seu patrimônio, configurando um ciclo virtuoso de reinvestimento dos rendimentos na compra de mais ativos geradores de renda.

Muitos ativos não têm essa capacidade, pois não são geradores de renda, posto que pagam juros, exclusivamente. Portanto, temos que ter em mente tal diferencial dos FIIs, que carregam o melhor dos mundos: seus rendimentos não consomem o patrimônio, como os juros dos ativos de renda fixa fazem, quando consideramos o componente da inflação na conta.

## Educação contínua

Outra questão importante: os fundos imobiliários são um dos instrumentos de investimentos mais educativos que existem, uma vez que a renda mensal gerada por eles força o investidor a estudar, deixando-o mais próximo de seu dinheiro e induzindo-o a buscar as melhores decisões sobre novos aportes.

Já existem aplicativos para telefone celular que avisam os cotistas de FIIs quando ocorre o pagamento de uma distribuição de rendimentos. Este momento prazeroso traz muita satisfação para os investidores, que tomam consciência de que o dinheiro parece brotar em suas contas, em função dos aluguéis de imóveis e dos juros oriundos de CRIs e outros papéis relacionados ao mercado imobiliário.

Esse dinheiro novo na conta precisa ser destinado corretamente. Portanto, o investidor deve estar sempre atento aos movimentos do mercado e dos FIIs para realocar o capital da melhor forma possível.

## Evoluções paulatinas

O investidor de FIIs, nunca é demais repetir, deve atentar para o patrimônio e a renda, de modo que, quando faz uma comparação entre um ano e outro, analisando o que tem atualmente e o que tinha doze meses antes, ele percebe claramente a evolução do patrimônio e da renda sendo registrada.

Se imaginarmos um cenário previdenciário de 20 a 30 anos para a frente, é muito provável que o patrimônio e a renda de um investidor recorrente e disciplinado irão crescer de maneira consolidada.

Obviamente, esta evolução não será um movimento em linha reta, mas haverá um crescimento franco, justamente pelo funcionamento intermitente dos FIIs, que, de forma regular, depositam rendimentos na conta do investidor.

Se o investidor separar esta evolução em dois gráficos – um para o patrimônio e outro para a renda –, notará que eles vão se tangenciar em alguns momentos. Em outros cenários, os gráficos vão se cruzar.

Ou seja: em determinada situação, o patrimônio vai crescer mais do que a renda, ao passo que em outro ano a renda vai crescer mais do que o patrimônio.

Porém, no final deste processo de construção de previdência, o investidor notará, lá na frente, que o patrimônio e a renda cresceram de modo consistente e que ambos foram acumulados.

Deste modo, nós, investidores de FIIs, somos acumuladores. Quanto mais assimilarmos esse conceito, melhor.

Quem sabe que a quantidade de cotas de um FII está crescendo, verifica que sua renda também está crescendo, mês a mês, embora isso seja mais perceptível de ano para ano.

## O poder da diversificação

Diversificação: muita gente usa essa palavra sem ter a dimensão completa dela. Estas pessoas falam por falar. Porém, a diversificação em FIIs equivale a fontes de receitas.

Quando você trabalha numa empresa, tem uma fonte de receita. Se você tem dois empregos, tem duas fontes. Se você tem um imóvel alugado, tem uma fonte de receita. Se tem dois, terá duas fontes.

Se você se aposenta, volta a ter apenas uma fonte de renda – oriunda do INSS –, além dos eventuais imóveis. No meu entendimento, o brasileiro que deu certo na vida e que consegue se aposentar bem tem em média de uma a cinco fontes de receitas. E olhe lá.

Quando levamos esse raciocínio para os FIIs, a quantidade de fontes de receita é praticamente imensurável.

Vamos imaginar que o investidor seja cotista de um fundo imobiliário com dez a quinze *shoppings* em seu portfólio. Cada *shopping* tem de 200 a 300 operações, em média. Só com este FII, o investidor tem de 2.000 a 4.500 fontes de receita, desde um quiosque no corredor de um *shopping* até uma loja âncora em outro, incluindo os estacionamentos, os cinemas e os restaurantes.

Neste passo, se o investidor tiver dois FIIs grandes de *shoppings* em sua carteira, ele passa a ter perto de 10 mil fontes de receita. Com três a quatro fundos desse tipo, chegamos a 20 mil fontes. E estamos falando apenas de *shoppings*.

A partir do momento em que você considera os fundos de galpões de logística, de lajes de escritórios, de papéis como CRIs, de agências bancárias, de hospitais, de escolas, temos uma referência dessa multiplicação de fontes de receitas.

Quantas fontes de receita podemos constatar apenas nos CRIs? Por vezes, temos CRIs pulverizados, em que apenas um CRI tem de 400 a 500 fontes de receita, de modo que, se um fundo for bem diversificado com 40 a 50 CRIs, as fontes passam a ser altamente escaláveis.

Pessoalmente, já tentei chegar na vírgula para esse número, mas é quase impossível dar precisão para quantidades que são estratosféricas.

Neste aspecto, o brasileiro que opta por se aposentar com uma carteira de investimentos focada em FIIs terá de 40 a 50 mil fontes de receita. A partir do momento em que você tem todas essas fontes de receita, é muito difícil perder o sono por causa desse tipo de investimento.

Se consideramos que no Brasil temos uma indústria de FIIs que ainda está em processo de amadurecimento, isso faz toda a diferença.

Então, para o sujeito que se aposenta com duas a três fontes convencionais de renda, se uma falhar, isto pode causar transtornos consideráveis para ele e sua família.

Porém, aquele que investiu em fundos imobiliários para amealhar milhares de fontes de renda ao longo dos anos poderá ficar tranquilo, mesmo se dezenas delas apresentarem um desempenho abaixo do esperado.

## A importância dos gestores

Muita gente me pergunta sobre a gestão dos FIIs. Quando você compra cotas de um FII, você compra também a cabeça e a caneta do gestor. A cabeça é aquilo que ele pensa. A caneta é aquilo que ele faz. Então, temos que observar o comportamento do gestor: se aquilo que ele pensa está realmente sendo feito.

De pouco adianta um gestor ter várias ideias e colocações sobre o mercado, com visões estratégicas diferentes, se não toma providências para levar o FII para o caminho que ele acredita ser o mais correto.

Quando compramos a cabeça e a caneta de um gestor, estamos ficando mais próximos de fundos nos quais temos mais segurança em relação a esse alinhamento entre pensar e executar. Isso pode levar a um efeito colateral, que é uma carteira mais enxuta, com menos FIIs. O que não é necessariamente ruim.

Claro que, se enxugarmos demais uma carteira, reduzida a um ou dois fundos, isso pode representar um problema, mas, se conseguirmos aderência a alguns bons gestores, com boas canetas, certamente teremos uma carteira bem diversificada e condizente com nossas expectativas.

## Acumulação, fruição & sucessão

Os FIIs não são bons apenas para acumular patrimônio e renda: eles são bons em todas as fases da vida do investidor.

Os FIIs são bons durante a longa fase de acumulação, pois são educativos e fáceis de controlar por aqueles que fazem poupança recorrentemente para aumentar os aportes.

Os FIIs também são bons na fase de fruição, quando o investidor está aposentado e começa a usufruir de parte dos rendimentos, pois permitem um ajuste de seu padrão de vida conforme estipulado por si mesmo.

Finalmente, na fase de sucessão, os FIIs são melhores ainda, pois os ativos são líquidos e evitam brigas entre herdeiros.

Por exemplo, se o investidor tem de três a quatro herdeiros e, no momento da partilha dos bens, um deles deseja o dinheiro vivo, os FIIs permitem a redução proporcional do patrimônio acumulado.

Isso dificilmente ocorre com imóveis tradicionais, que são mais difíceis para vender ou fracionar. Quando um imóvel tradicional é fracionado, nem sempre os outros herdeiros conseguem comprar a parte que será convertida em caixa para aquele que não deseja continuar com o bem imobilizado.

## Volatilidade moderada

Alguns consideram que os FIIs são pouco voláteis; outros

pensam o contrário. Em primeiro lugar, devemos ter em mente que os FIIs são ativos de renda variável. Neste caso, temos dois componentes que variam: o patrimônio e a distribuição dos rendimentos. Tais rendimentos são menos voláteis, mas é óbvio que não podemos caracterizar isso como renda fixa.

Qual é o conceito clássico de renda fixa? Você adquire um produto do qual sabe quanto vai receber e quando será o vencimento. No caso dos FIIs, eles estão longe disso, pois o investidor não tem uma certeza de quanto será o rendimento do próximo mês, embora se possa ter uma aproximação.

Confundir estes conceitos leva o investidor ao erro e ao desconforto, porque em alguns momentos pode haver uma variação maior nos rendimentos, não esperada pelo cotista, em virtude de uma falta de clareza inicial a respeito das características dos FIIs. Se esta variação for para cima, tudo bem. O problema é quando a renda vem numa quantidade menor do que a aguardada.

Porém, quando você observa uma carteira de fundos imobiliários, focando nos dez maiores fundos e anotando seus rendimentos mais recentes, ao tabular os dados para comparar um mês com o outro, notará uma dispersão muito baixa. Ou seja: a volatilidade da renda é baixa frente ao patrimônio.

Quanto mais o investidor se conscientizar de que o que interessa para ele é mais a renda do que o patrimônio no médio e longo prazo, mais fácil será para ele aceitar as variações de curto prazo e ter um sono mais tranquilo.

Por falar em sono, dentro do que conheço no mercado, os FIIs dão mais tranquilidade para as pessoas justamente por serem ativos de renda variável com volatilidade relativamente baixa, se comparada à das ações das empresas de capital aberto e de outros instrumentos do mercado.

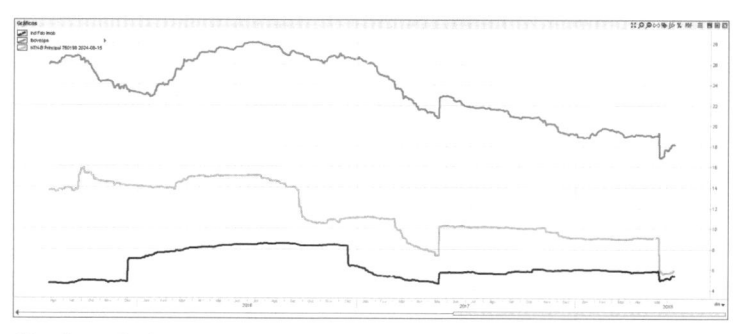

O gráfico de evolução entre agosto de 2015 e maio de 2018 do IBOV (linha superior), Tesouro Direto IPCA+ com vencimento em 2024 (linha intermediária) e IFIX (linha inferior) demonstra que a volatilidade dos fundos imobiliários é moderada, inclusive frente a produtos de renda fixa (fonte: https://www.sunoresearch.com.br/artigos/02-fundos-imobiliarios-com-baixa-volatilidade-e-retorno-acima-do-cdi/ – *link* acessado em 17/06/2020).

## O modelo de perguntas e respostas

Sobre a evolução do conhecimento, o modelo de perguntas e respostas funciona desde Adão e Eva. Quando você tem dúvidas, este formato de diálogo funciona bem no mundo inteiro. Muitos *websites* mantêm uma seção de FAQs (sigla para a expressão inglesa *Frequently Asked Questions* ou Questões Frequentemente Feitas, numa tradução livre).

Nosso livro segue nessa toada, mesclando as questões mais frequentes com aquelas que julgamos mais importantes responder, neste momento de consolidação dos fundos imobiliários perante o mercado financeiro.

Nós o dedicamos ao investidor que está iniciando sua jornada com os FIIs, e também àqueles que já investem, mas querem relembrar ou se aprimorar com novos conhecimentos.

# I – PRIMEIROS PASSOS

## 1) Como investir em FIIs (fundos de investimentos imobiliários)?

O investidor pode participar da oferta pública inicial de um FII que esteja sendo lançado ou pode comprar cotas no mercado secundário, de outros investidores que estejam interessados em se desfazer de suas participações por um determinado preço.

Em todos os casos, o investidor deve ter conta aberta em uma corretora, pois são as corretoras que intermedeiam o lançamento de FIIs para seus clientes. No caso do mercado secundário, a compra e venda de cotas de FIIs é feita por intermédio do *home broker* da corretora, onde cada FII é identificado por um *ticker*. Por exemplo, o *ticker* do FII Iridium Recebíveis Imobiliários é IRDM11.

Os grandes bancos contam com corretoras próprias. Caso o investidor opte por atuar por uma corretora independente, ele deverá migrar o capital de investimento de seu banco para a conta da corretora, antes de realizar um aporte com recursos próprios.

Ao reinvestir os dividendos recebidos dos fundos imobiliários, os recursos já estarão disponíveis diretamente na conta da corretora.

## 2) Como posso obter ganhos através do investimento em FIIs?

A principal forma de ganho com o investimento em FIIs é através da distribuição de dividendos, oriundos dos aluguéis dos imóveis que compõem determinado fundo imobiliário, ou dos juros dos empréstimos relacionados principalmente aos CRIs (Certificados de Recebíveis Imobiliários), dentre outros papéis.

A maioria dos FIIs distribui fluxo mensal, sendo uma boa maneira de o investidor receber renda passiva. Os rendimentos mensais dos fundos imobiliários podem ser sacados das contas da corretora para fins diversos, ou podem ser reinvestidos na compra de mais cotas de FIIs que sejam bons pagadores de proventos, aumentando progressivamente os ganhos ao longo do tempo.

Além disso, existe a possibilidade de o investidor vender as suas cotas no mercado e obter um ganho de capital, caso elas tenham se apreciado desde o momento em que foram compradas. Neste caso, a tributação será de 20% sobre o eventual lucro, cujo pagamento via DARF deve ser efetuado até o último dia útil do mês seguinte à apuração do resultado.

## 3) Quanto de renda posso obter com FIIs?

Não existe um valor exato, pois depende de cada fundo específico. Em geral, a expectativa é que bons fundos sejam capazes de distribuir uma renda anual superior à taxa básica de juros, mais um prêmio de risco normal para um instrumento de renda variável.

Por exemplo, vamos supor que a taxa Selic esteja em 5% e que o prêmio de risco relacionado ao FII seja de, pelo menos, 3%. Então, o investidor que construir uma carteira diversificada de FIIs baseada nestes parâmetros terá um retorno anual, em forma de dividendos, da ordem de 8%. Colocando em números: R$ 100 mil poderiam render R$ 8 mil por ano ou cerca de R$ 667 por mês.

Obviamente estamos no ambiente da renda variável, então os números nunca são tão regulares como tendemos a considerar. Os rendimentos mensais de uma carteira de fundos imobiliários terão variações de um mês para o outro, sempre.

Por isso, é bom atuar com margens de segurança. Por exemplo, se você deseja viver da renda de fundos imobiliários e tem um custo de vida mensal de aproximadamente R$ 7 mil, projete uma carteira para gerar R$ 10 mil por mês, em média, de modo que o eventual excedente possa ser reinvestido para aumentar ainda mais esta margem de segurança.

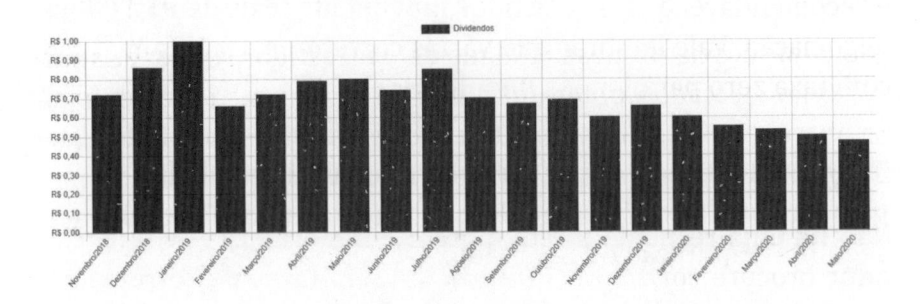

**Histórico de distribuições de rendimentos de VGIR11 entre novembro de 2018 e maio de 2020. Este FII de papéis tem como meta bater o CDI, por isso sua curva descendente de entrega de proventos não é um fator negativo por si só, uma vez que neste período a taxa do CDI também recuou (fonte: https://www.fundsexplorer.com.br/funds/vgir11 – *link* acessado em 17/06/2020).**

## 4) Existe mercado fracionário para FIIs?

Não. Ao contrário das ações, os FIIs já são, naturalmente, negociados em lotes unitários, ou seja, de uma em uma cota. Por isso, não existe mercado fracionário, sendo o investidor livre para comprar qualquer quantidade, desde que exista oferta disponível.

Consequentemente, não existe variação do preço da cota por quantidade envolvida em uma negociação, como ocorre com as ações. Por exemplo, um lote de 100 ações de uma empresa pode custar R$ 100 por ação, ao passo que no mercado fracionado a unidade da ação pode ser negociada por R$ 105.

Em todo caso, devido às eventuais taxas cobradas por corretoras, além dos emolumentos da Bolsa de São Paulo, nem sempre é bom negócio comprar poucas cotas de um fundo imobiliário, especialmente se o preço delas for abaixo de R$ 10. Em linhas gerais, as despesas com a corretora nas compras ou vendas de FIIs não devem exceder 2% do valor total de cada operação.

Então, se uma corretora cobra R$ 2 de comissão por transação, é recomendável que o investidor movimente mais de R$ 100 na negociação. Vale lembrar que várias corretoras decidiram atuar com taxa zero para fundos imobiliários.

## 5) Qual a melhor corretora para investir em FIIs?

Não há uma resposta direta, porém é importante que o investidor procure corretoras que não cobrem taxas de corretagem e custódia. No momento em que se publica este livro, há várias com custo zero. Vale destacar que a corretora é só um meio de acesso ao sistema de compra e venda (*home broker*), portanto o investidor deve avaliar critérios subjetivos e técnicos, dentre os quais: atendimento, estabilidade do sistema e qualidade do aplicativo para celular.

De pouco adianta uma corretora oferecer taxa zero na compra ou venda de cotas de FIIs, se o sistema de seu *home broker* for instável e se o seu atendimento ao cliente for insatisfatório.

Quando o investidor é novato, é comum que ele tenha dúvidas sobre os procedimentos para operar com o *home broker*, e para sacar ou depositar o dinheiro relacionado ao investimento, por exemplo. Neste caso, um bom suporte de atendimento é bem-vindo.

O investidor deve atentar também para o excesso de ofertas que as corretoras eventualmente podem fazer, sugerindo diversas modalidades de investimentos que nem sempre serão vantajosas. A função primordial de uma corretora é operacionalizar as transações para os investidores, mais do que atuar como casa de análises ou recomendações.

## 6) O que é o IFIX?

IFIX é o Índice de Fundos de Investimentos Imobiliários. Representa uma carteira teórica com os fundos mais negociados e de maior liquidez. Ela é recalculada periodicamente, com adição e remoção de novos fundos, de acordo com a evolução do mercado.

Segundo o *site* da B3, o *"IFIX é o resultado de uma carteira teórica de ativos"*, com o objetivo de *"ser o indicador do desempenho médio das cotações dos fundos imobiliários negociados nos mercados de bolsa e de balcão organizado da B3"*, sendo *"composto pelas cotas de Fundos de Investimentos Imobiliários listados nos mercados de bolsa e de balcão organizado da B3"*.

A página da B3 na internet reúne todas as informações oficiais sobre os fundos de investimentos imobiliários que operam no mercado secundário, o mais acessível para investidores individuais (fonte: http://www.b3.com.br/pt_br/market-data-e-indices/indices/indices-de-segmentos-e-setoriais/indice-de-fundos-de-investimentos-imobiliarios-ifix.htm – *link* acessado em 18/06/2020).

## 7) Posso investir no IFIX?

No momento da publicação deste livro, não há um modo de investir diretamente no IFIX, ao contrário do que ocorre com os principais índices de ações. O investidor que quiser replicar o desempenho do índice precisará investir em cada um dos FIIs que compõem o índice de forma manual, assim como fazer o balanceamento deles – uma tarefa impraticável para investidores individuais.

Não há, tampouco, um ETF (*Exchange Traded Fund*) que replique o IFIX, como ocorre com o IBOV em relação às ações das empresas da B3, bem como os índices de *Small Caps* e de companhias que distribuem dividendos. Se houvesse, seu retorno em termos de valorização das cotas certamente seria positivo, haja vista que o IFIX tinha cerca de 1.500 pontos em setembro de 2012, quando começou a ser computado, e chegou a operar acima dos 3.200 pontos em janeiro de 2020. No longo prazo, a tendência é de manutenção deste crescimento.

A grande contradição de um ETF especializado em fundos imobiliários é que este não pagaria rendimentos regulares, que são o grande atrativo da maioria dos fundos imobiliários – algo que os FOFs (fundos de fundos) fazem, preservando o benefício da eventual valorização das cotas.

Raramente as carteiras dos FOFs são tão pulverizadas quanto a cesta de ativos presentes num ETF. Porém, os FOFs são um modo de investir com diversificação em FIIs que muitas vezes fazem parte da composição do IFIX, cabendo ao investidor atentar para as taxas de administração, geralmente mais elevadas do que as observadas nos ETFs.

# II – FIIs *VERSUS* OUTROS INVESTIMENTOS

## 8) Qual a diferença entre investir em fundos imobiliários de renda e alugar um imóvel físico?

Através dos FIIs, o investidor pode ter acesso ao investimento em ativos imobiliários com um valor baixo, ao contrário do investimento direto em imóveis, que requer um capital inicial muito maior. Além disso, nos FIIs, o investidor não precisa se preocupar em lidar com problemas relativos a inquilinos, reformas ou burocracias referentes ao imóvel, pois tais questões são parte das atribuições do gestor.

Mesmo aqueles que possuem condições de investir diretamente em imóveis devem considerar o investimento em FIIs para poder ter acesso a ativos com alto valor agregado, tais como *shoppings*, galpões, lajes comerciais, dentre outros.

Por fim, destacamos o fato da grande pulverização de riscos em uma carteira de FIIs diversificada, o que raramente ocorre quando se investe em poucos imóveis diretamente.

## 9) Quais as vantagens de investir em um FII de papel em relação ao investimento direto em CRI?

Um FII de papel possui uma equipe de gestores que analisam os CRIs profissionalmente, em tempo integral – algo que dificilmente um investidor como pessoa física conseguiria fazer.

O FII também permite ao investidor ter uma exposição diversificada em CRIs, muitos dos quais sequer são disponibilizados no varejo, posto que são ofertados apenas para investidores institucionais, como os FIIs.

Por fim, existem CRIs cujo valor mínimo de negociação é de R$ 300 mil ou mais, o que normalmente fica inviável para a grande maioria dos pequenos investidores. Porém, quando eles se aglutinam como cotistas de um FII, passam a ter acesso aos CRIs mais estruturados do mercado.

## 10) Por qual motivo as ações sofrem muito mais com especulações do que os FIIs?

Entendemos que seja por causa da maior liquidez e pelo fato de as ações terem muito mais variáveis (internas e externas) que impactam os preços.

Por outro lado, se você atentar para os fundos de tijolos em especial, constatará que o patrimônio deles está ancorado em imóveis cuja variação de valor é claramente muito lenta, acompanhando a natureza do mercado imobiliário. Em muitas empresas essa noção de valor não é clara, razão pela qual a especulação em torno delas também é maior.

## 11) É melhor construir uma carteira com ações e depois migrar para fundos imobiliários, por causa dos dividendos? Pelo valor que aporto por mês, acho que é melhor procurar ações com possibilidade de valorização e que paguem dividendos, para depois migrar para FIIs em busca da renda mensal e uma certa estabilidade. Minha lógica é correta?

É uma decisão difícil e pessoal, mas a "cartilha" diz que começar pelos FIIs é mais interessante, justamente pelos aportes menores, dividendos mensais, menor volatilidade e maior facilidade de interpretar os ativos.

Os FIIs são fonte segura de renda passiva, sendo ótima opção de entrada para investidores focados na estratégia dos dividendos. As empresas boas pagadoras de dividendos raramente entregam proventos mensais, fazendo-o a cada trimestre ou semestre, quando não anualmente.

Já os FIIs aceleram o fluxo de caixa do investidor, pois entregam rendimentos com maior regularidade. Quando estes rendimentos são reinvestidos, aceleram a força dos juros compostos. Se no começo da trajetória de um investidor os rendimentos podem ser contados na casa dos centavos, chega um momento em que eles são suficientes para comprar lotes de ações.

Quando isso acontece, trata-se de um ótimo indicativo para o investidor começar a investir também em ações de empresas, pois, neste estágio de sua jornada, ele já estará habituado com os conceitos da renda variável, aumentando sua tolerância aos riscos em prol do potencial de valorização inerente às ações das melhores empresas.

## 12) É possível alugar cotas de FIIs assim como ocorre com as ações?

Desde novembro de 2020, é possível alugar cotas de FIIs e "operar vendido", uma situação bastante comum no mercado acionário.

Em nosso entendimento, a permissão para alugar cotas de fundos imobiliários incentiva um caráter especulativo em torno deles, como ocorre com as ações, quando aqueles que alugam os papéis estão apostando nas quedas dos preços.

Quem opera em modo *short selling* aluga um ativo ou derivativo financeiro para vender, esperando que as suas cotações caiam na sequência para efetuar a recompra dos papéis, almejando lucros em função disso.

## 13) Quais as principais diferenças entres os FIIs no Brasil e os REITs nos Estados Unidos?

Primeiramente, precisamos compreender o que significa REIT: é a sigla do termo em inglês *Real Estate Investment Trust*, que, apesar de soar em português como "Fundo de Investimento Imobiliário", na verdade se trata de uma empresa de capital aberto que investe diretamente neste tipo de mercado. Esta, portanto, seria a grande diferença: um REIT age como uma empresa, não como um fundo de investimento.

Consequentemente, o REIT possui um conselho e um CEO próprios, ao passo que o FII é composto por administradores e gestores de empresas prestadoras de serviços, com uma hierarquia mais horizontal.

Como empresa, um REIT pode se alavancar, ao passo que os FIIs não podem contrair dívidas para expandir suas atividades. Os FIIs, por sua vez, captam recursos diretamente com os cotistas, por meio de novas emissões de cotas.

Já os *payouts* de ambos são semelhantes: 90% do resultado líquido para REITs e 95% do resultado líquido para FIIs. Os rendimentos dos REITs, porém, são tributáveis, ao passo que os FIIs, até o momento da publicação deste livro, são isentos neste sentido, salvo algumas exceções.

Quem investe num REIT é de fato um acionista. Embora uma cota de FII seja tratada como uma ação por parte da Bolsa, geralmente o investidor de FII é visto mais como um cotista.

# III – ASPECTOS TÉCNICOS

## 14) Os dividendos pagos pelos FIIs são descontados do valor da cota?

Sim. Mas isso não significa que o investidor vai perder dinheiro. Ao distribuir dividendos, o FII diminui o seu patrimônio líquido, pois passa a deter menos caixa. Daí vem a lógica de descontar o valor distribuído da cotação.

Vale a pena ressaltar que nada impede que a cotação suba após o desconto, podendo até mesmo superar o valor anterior, de acordo com a preferência do mercado.

## 15) Se eu ficar menos de um mês inteiro com as cotas de um FII, receberei dividendos proporcionais?

Não. Você recebe os dividendos por inteiro ou não recebe nada. Para ter direito, você precisa possuir cotas do fundo até a "data ex" para distribuição, que é a data a partir do qual os novos cotistas não mais terão direito a receber os últimos dividendos declarados.

Para a maioria dos FIIs, essa data é o último dia do mês, mas é possível obter a informação diretamente nos Relatórios Gerenciais, Informes ou mesmo em *websites* especializados em FIIs.

## 16) O que é "amortização"? É a mesma coisa que distribuição de dividendos?

A amortização é diferente da distribuição de dividendos, pois consiste em uma transferência de patrimônio, na qual o fundo devolve parte do seu capital para os cotistas, resultando em uma diminuição imediata de seu patrimônio.

Entre outros motivos, uma amortização pode ocorrer caso o fundo se veja incapaz de aplicar adequadamente recursos que tenham sido levantados nas últimas emissões ou mesmo tenha vendido ativos do portfólio.

O investidor deve atentar para a ocorrência das amortizações nas distribuições de capital que o fundo imobiliário faz, não devendo confundi-la com a renda primordial do ativo, e muito menos com sua renda recorrente.

Quem mira apenas na distribuição recente de proventos de um FII para comprar suas cotas, sem estudar o histórico de distribuição de rendimentos, pode ser induzido ao erro em função disso.

## 17) Para comprar cotas de um FII preciso ter o dinheiro disponível imediatamente na corretora?

Os FIIs seguem a mesma regra de liquidação do mercado de ações, onde o dinheiro só é debitado dois dias úteis após a compra das cotas. Portanto, pelas regras da B3, o dinheiro não precisa estar disponível imediatamente.

De qualquer forma, é preciso entrar em contato com a sua corretora para saber se esse tipo de operação será liberado, pois pode ser que ela não disponibilize uma margem e exija o dinheiro na conta no ato da compra.

## 18) Como calculo o preço médio após a venda de cotas de FIIs?

Operações de vendas não alteram o preço médio da cota de um FII na carteira do investidor. Basta diminuir a quantidade de cotas nos registros de controle e manter o preço médio anteriormente calculado.

É importante manter o cálculo do preço médio das cotas de FIIs e ações, pois isso facilita a apuração de eventual ganho de capital após uma venda total ou parcial do ativo presente na carteira do investidor.

Para tanto, o investidor deve somar o custo de cada operação de compra do ativo, incluindo as despesas com taxas e emolumentos, e dividir o resultado pelo número total de cotas adquiridas.

## 19) O *Dividend Yield* de um fundo imobiliário é calculado sobre o valor de compra do ativo ou pelo valor da cotação do dia em que o cálculo foi feito?

O *Dividend Yield* (DY) representa, em porcentagem, a remuneração do ativo financeiro (ação de empresa ou cota de FII) em relação à sua cotação atual, considerando o histórico de proventos pagos nos 365 dias anteriores.

Por exemplo: no dia 01 de janeiro de 2020, a cota do FII WXYZ11 estava precificada pelo mercado em R$ 100. Durante todo o ano de 2019 o FII entregou R$ 7 em forma de rendimentos. Logo, o DY naquela data era de 7%.

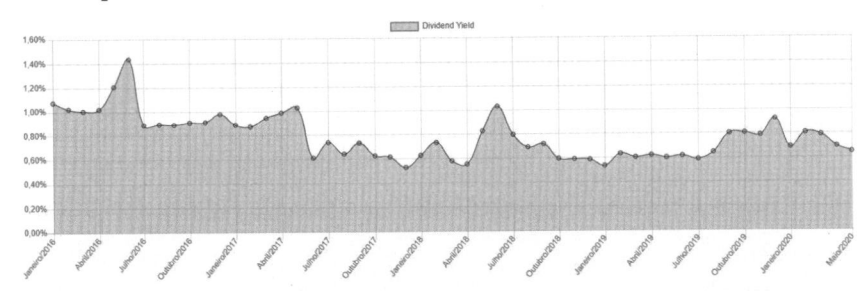

Variação do DY mensal relacionado ao preço de mercado secundário de MXRF11, no período entre janeiro de 2016, quando o DY foi de 1,07%, e maio de 2020, quando o DY atingiu 0,65%. Em termos anualizados, esta variação girou em torno de 12,8% e 7,8%, aproximadamente (fonte: https://www.fundsexplorer.com.br/funds/mxrf11 – *link* acessado em 19/06/2020).

Porém, no dia seguinte você comprou uma cota por R$ 101. Então, o seu DY de compra foi ligeiramente menor.

Agora suponha que seu preço médio neste mesmo FII seja de R$ 70, pois você comprou várias cotas antes da valorização do ativo. Neste caso, o seu DY particular será de 10%. O termo mais usado para definir isso é *Yield On Cost*, pois varia de investidor para investidor, dependendo da forma como cada um está posicionado em determinado ativo financeiro.

## 20) O que é Renda Mínima Garantida (RMG)?

A Renda Mínima Garantida (RMG) é um instrumento pelo qual o gestor do FII se compromete a pagar um valor mínimo mensal por algum período de tempo, independente do resultado do fundo.

Muitas vezes é utilizada no início das operações do fundo, como uma forma de remunerar de alguma maneira os seus cotistas, mesmo enquanto o FII ainda não estiver gerando renda.

O mecanismo da RMG foi muito comum no passado, mas com o tempo esta prática deixou de ser usada com frequência. Em alguns casos específicos, quando um ativo está em desenvolvimento, ainda pode ocorrer este prêmio de locação por parte do empreendedor, até a plena entrega do ativo ao fundo.

Ao analisar um FII, o investidor deve atentar para a ocorrência da RMG. Embora seu valor possa ser atrativo em alguns casos, elevando o *Dividend Yield* do FII em relação aos seus pares do mercado, devemos ter em mente que estes valores estão sendo desembolsados pelos incorporadores ou vendedores dos empreendimentos, sem relação direta com as suas operações.

Como a RMG é prometida por tempo determinado, após a extinção deste mecanismo de pagamento, o FII entregará apenas o valor gerado por suas operações efetivas. Na maioria dos casos, até o momento da publicação deste livro, os resultados reais dos FIIs que pagavam RMG eram menores do que os pagos pelos promotores dos ativos.

## 21) Qual a diferença entre resultado líquido e distribuição?

Em primeiro lugar, é importante reforçar que todo FII tem por obrigação distribuir 95% do seu resultado líquido (caixa) aos seus investidores, até o fim de cada semestre, como forma de se manter enquadrado.

Isto posto, salientamos que é essencial que os investidores acessem os Relatórios Gerenciais e observem as Demonstrações de Resultados (mini-DREs) que são apresentadas, a fim de observar quanto o fundo capturou de resultado real e quanto efetivamente está sendo distribuído.

Alguns fundos apresentam resultados não recorrentes em relação ao ganho de capital em determinadas posições, e isto poderá gerar uma interpretação de que a distribuição será mantida em igual patamar pelos próximos meses. Em resumo: cruze resultado líquido com distribuição e veja a sustentabilidade.

Em termos práticos, como podemos baixar um Relatório Gerencial de determinado FII?

*Sites* como o https://www.fundsexplorer.com.br/ e o https://fiis.com.br/ mantêm páginas internas para cada FII listado na B3. Basta digitar o código do fundo imobiliário desejado no campo de buscas destes *sites* para os resultados aparecerem rapidamente. Todos os documentos oficiais que os gestores dos FIIs publicam ficam disponíveis nessas páginas.

| 15.06.20 | Informe Mensal - 05/2020 |
| 01.06.20 | Relatório Gerencial - 29/05/2020 |
| 29.05.20 | Informou distribuição de: |
| | Rendimento no valor de R$ 0,65 por cota no dia |
| | 15/06/2020 |
| | Data base: 29/05/2020 Fechamento: R$ 172,39 |
| | Rendimento%: 0,377 |
| 29.05.20 | Aviso aos Cotistas - 29/05/2020 |
| 15.05.20 | Informe Mensal - 04/2020 |
| 13.05.20 | Informe Trimestral - 31/03/2020 |
| 04.05.20 | Relatório Gerencial - 30/04/2020 |
| 30.04.20 | Informou distribuição de: |
| | Rendimento no valor de R$ 0,65 por cota no dia |
| | 15/05/2020 |
| | Data base: 30/04/2020 Fechamento: R$ 158,99 |
| | Rendimento%: 0,409 |
| 30.04.20 | Aviso aos Cotistas - 30/04/2020 |
| 15.04.20 | Informe Mensal - 03/2020 |
| 02.04.20 | Relatório Gerencial - 31/03/2020 |

**Rendimentos dos Fundos Imobiliários – Confira algumas razões para...**

Os rendimentos dos fundos imobiliários podem alavancar a sua carteira de investi...

**VILG11 conclui mais uma compra de imóvel para seu portfólio**

O Fundo Vinci Logística FII - VILG11 - informou aquisição da totalidade do empre...

Índice de publicações oficiais de KNRI11 reproduzidas pelo *site* FIIs.com.br, com destaque para os Relatórios Gerenciais (fonte: https://fiis.com.br/knri11/ – *link* acessado em 19/06/2020).

## 22) Qual a diferença entre administrador e gestor de um FII?

O administrador é o responsável fiduciário, ou seja, lida com questões burocráticas, garantindo o seu funcionamento e adequação à legislação existente.

O gestor é quem cuida dos investimentos do portfólio e toma as decisões estratégicas referentes a ele, isto é, oferece inteligência imobiliária ao fundo.

Para entendermos isso no caminho do dinheiro gerado pelo imóvel – ou operação de CRI – até o bolso do investidor: o gestor cuida das questões referentes aos aspectos físicos dos imóveis e das relações com os locatários em um de fundo de tijolo – ou da estruturação e acompanhamento dos CRIs em fundos de papéis, através dos controles relacionados às companhias securitizadoras.

A renda obtida com os aluguéis dos imóveis – ou dos juros e correção monetária dos CRIs – é direcionada para a conta do fundo com responsabilidade do administrador, que, por sua vez, promove a redistribuição dos valores aos cotistas, conforme sua participação relativa, já líquidos de custos (taxas e despesas gerais).

Se o gestor elabora os Relatórios Gerenciais, cabe ao administrador publicar os Informes mensais, trimestrais e anuais de cada FII. Além disto, envia os informes de rendimentos para os cotistas, com vistas à Declaração de Imposto de Renda de Pessoa Física, por exemplo.

## 23) O que são contratos típicos e atípicos?

Quando um FII aluga algum imóvel para um inquilino, o contrato pode ser típico ou atípico.

No contrato típico, o prazo de aluguel, em geral, é de 60 meses, com ajuste anual pela inflação. Nesse caso, existe uma multa de rescisão, que varia entre três e seis meses de aluguel, com possibilidade de revisional (nova negociação) no terceiro ano.

Os contratos atípicos possuem condições especiais e, via de regra, prazos maiores (cinco a vinte anos) e também são ajustados anualmente pela inflação – a principal diferença é que não há possibilidade de revisionais até o vencimento.

Uma característica importante dos contratos atípicos é que a multa rescisória representa o valor de todos os aluguéis vincendos, o que confere um grau de segurança maior ao locador. No entanto, nos contratos atípicos, é de extrema relevância observar (e monitorar) a saúde financeira da parte locatária.

## 24) O que é *Cap Rate* (taxa de capitalização) e qual a importância deste indicador?

Este é um dos mais importantes indicadores e, portanto, não deve ser avaliado isoladamente. Em geral, um *Cap Rate* muito alto pode indicar ativos de maior risco.

Na prática, o cálculo é feito valendo-se do aluguel anual (aluguel mensal multiplicado por 12) dividido pelo valor pago no imóvel e/ou valor contábil.

Vejamos um exemplo prático: aluguel mensal de R$ 100 mil e preço pago no imóvel de R$ 20 milhões. O cálculo é:

$$(100.000 \times 12) / 20.000.000 = 0,06$$

Portanto, o *Cap Rate* é de 6%.

Podemos capitalizar os 100 mil por mês, porém procuramos simplificar o cálculo para melhor efeito didático.

## 25) Qual a diferença entre vacância física e vacância financeira?

Quem responde a essa questão é o nosso amigo Tiago Reis:

*"A vacância física representa quantos por cento da metragem de um portfólio estão vagos. Por exemplo, se um portfólio possui 100 mil m² e 30 mil estão vagos, então a vacância física é de 30%.*

*Já a vacância financeira é baseada na estimativa de fluxo de caixa do portfólio. Por exemplo: se existe uma estimativa de que o portfólio tenha potencial de R$ 100 mil de renda mensal e está deixando R$ 20 mil a menos que o potencial, a vacância financeira será de 20%.*

*Existem portfólios nos quais alguns imóveis valem mais do que outros e seu aluguel é mais caro por metro quadrado. Desta forma, é mais eficiente analisar a vacância financeira ao invés da vacância física.*

*Geralmente, quando um fundo imobiliário tem ativos parecidos em seu portfólio, a vacância financeira tende a ser parecida com a física.*

*Em portfólios que possuem diversos imóveis com padrão de qualidade diferente, é natural que as vacâncias física e financeira tendam a divergir quando existe aumento de vacâncias."*

Castello Branco Office Park
Fundo de Investimento Imobiliário – FII
("Castello Branco Office Park FII", "Fundo" ou "CBOP11")
CNPJ 17.144.039/0001-85

CREDIT SUISSE HEDGING-GRIFFO

# Castello Branco Office Park FII
## Maio 2020

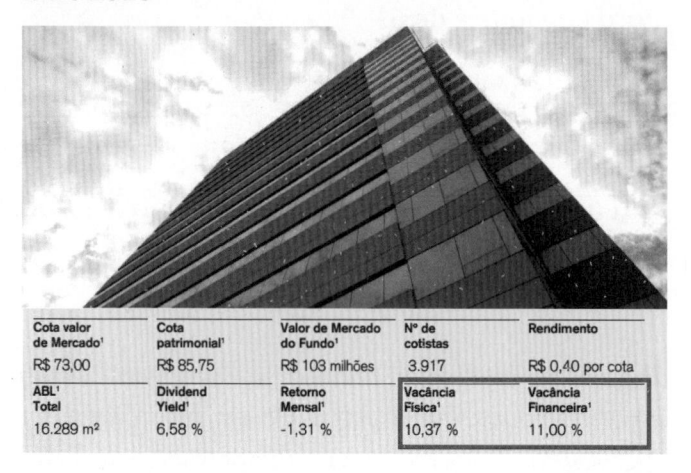

| Cota valor de Mercado[1] | Cota patrimonial[1] | Valor de Mercado do Fundo[1] | N° de cotistas | Rendimento |
|---|---|---|---|---|
| R$ 73,00 | R$ 85,75 | R$ 103 milhões | 3.917 | R$ 0,40 por cota |
| ABL[1] Total | Dividend Yield[1] | Retorno Mensal[1] | Vacância Física[1] | Vacância Financeira[1] |
| 16.289 m² | 6,58 % | -1,31 % | 10,37 % | 11,00 % |

Detalhe do Relatório Gerencial do FII CBOP11, publicado em 09/06/2020 com dados do período coberto até 29/05/2020, com destaque para as taxas de vacância física e vacância financeira (fonte: https://fnet.bmfbovespa.com.br/fnet/publico/exibirDocumento?id=99644&flnk – *link* acessado em 19/06/2020).

## 26) O que significam SCP e SPE?

A SCP – Sociedade em Conta de Participação – é adotada a fim de se criar uma associação para desenvolver algum negócio com tempo de duração indeterminado. O espectro é mais amplo.

A SPE é uma Sociedade com Propósito Específico, cuja atividade é bem restrita, podendo inclusive ter prazo determinado de duração. Nos empreendimentos imobiliários, as SPEs são muito comuns, por alinharem os interesses de incorporadoras, construtoras e proprietários de terrenos.

Há questionamento, no mercado de capitais, se as SCPs foram criadas para fins imobiliários ou usadas como empresas de crédito. É um assunto técnico e a nossa visão é de que a CVM e as entidades de mercado devem decidir sobre isso para o bem geral de toda a indústria de FIIs. É o que deve ocorrer com o tempo.

## 27) O que é NOI?

NOI é uma sigla em inglês para *Net Operating Income*, termo que pode ser traduzido para o português como "Receita Operacional Líquida". Em essência, é o resultado operacional líquido, ou seja, todas as receitas descontadas dos custos e despesas.

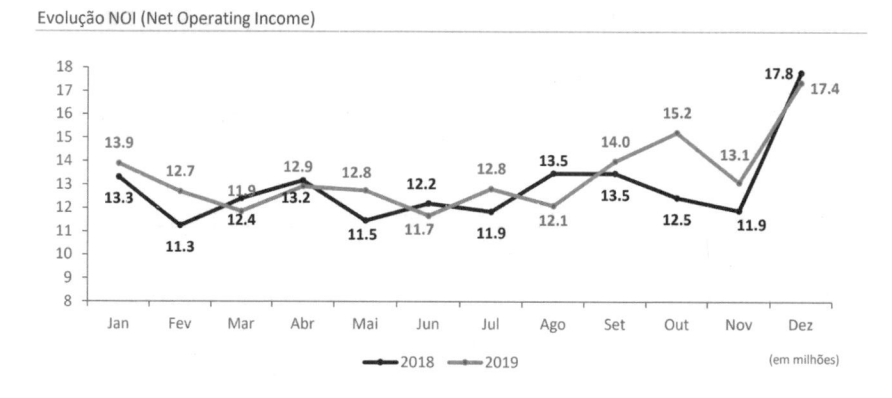

Evolução NOI (Net Operating Income)

Este gráfico de evolução do NOI de PQDP11, que compara os resultados apurados em 2018 e 2019, foi publicado no Relatório Gerencial deste FII em 09/04/2020. As vendas de Natal, em dezembro, impulsionam os resultados para os patamares mais elevados do Shopping Center Parque Dom Pedro, localizado em Campinas, no interior de São Paulo (fonte: https://fnet.bmfbovespa.com.br/fnet/publico/exibirDocumento?id=90098&flnk – *link* acessado em 17/06/2020).

Obviamente, é importante que esse indicador apresente variações positivas ano a ano, pois reforça que o ativo está ficando cada vez mais eficiente com o passar do tempo.

É uma métrica muito usada no mercado imobiliário internacional, porém, aqui no Brasil, apenas os gestores de FIIs de *shopping centers* têm como hábito apresentá-lo nos Relatórios Gerenciais.

O NOI pode ser combinado com outros indicadores, a fim de se avaliar a eficiência do imóvel em termos de geração de renda. Em geral, quanto maior a margem, melhor.

## 28) O que é arbitragem e por que, em alguns casos, ela não vale a pena?

Arbitragem é a capacidade de "trocar posição à vista *versus* posição futura", a fim de gerar ganho de capital para a carteira. Obviamente, é uma estratégia usada por investidores com a experiência necessária para perceber se há margem para fazer esse tipo de manobra.

É natural que, ao anunciar uma nova emissão em um fundo, o investidor venda sua posição à vista, após garantir seus direitos de preferência, para exercício subsequente.

Nem sempre a arbitragem será óbvia – o preço de mercado e o de emissão podem estar próximos (baixo *spread*) e, além disso, o investidor, ao vender sua posição à vista, poderá ter de recolher imposto de renda e ainda não receber a "renda cheia" do mês, visto que, até o encerramento da oferta, a distribuição será feita *pró-rata,* ou seja, segundo uma proporção determinada com base nos recibos de subscrição.

# IV – RISCOS

## 29) Um fundo imobiliário pode falir?

É difícil que um FII venha à falência, pois o fundo possui ativos na forma de imóveis ou títulos, ou seja, possui lastro real.

O fundo pode ficar sem caixa, caso mantenha uma vacância alta por períodos longos, ou se necessitar realizar reformas e obras de grandes proporções, como ocorre nos *Retrofits*.

Nesse caso, há possibilidade de realizar uma emissão de cotas – lembrando que o cotista não é obrigado a participar, embora possa ter sua participação diluída.

## 30) Com relação aos fundos imobiliários, poderiam comentar sobre segurança e eventuais garantias contra riscos de mercado e de crédito? Há FIIs mais arriscados que outros?

Em primeiro lugar, entenda que o risco principal é o próprio lastro, daí a importância de avaliar a qualidade do ativo. Os imóveis são ocupados por locatários que podem, sim, ter problemas de crédito. No geral, temos FIIs que estão bem posicionados quanto a isto.

Em relação ao risco geral de mercado, vemos que a eventual alteração na política de tributos sobre a distribuição dos rendimentos é o maior risco deles em uma primeira leitura.

Completando: sim, há FIIs mais arriscados que outros. Um FII monolocatário e monoativo é, via de regra, mais arriscado, pois, em tese, a renda é binária, ou seja: o cotista recebe os rendimentos mensais integralmente ou não recebe estes rendimentos. Numa situação como essa, não há meio termo.

## 31) Se a corretora quebrar, perco meu dinheiro?

Não, visto que a corretora é só o "veículo" para compras e vendas de ativos disponíveis no mercado financeiro.

Todas as cotas ficam custodiadas na CBLC – Companhia Brasileira de Liquidação e Custódia. Portanto, o investidor deve entender que ele é um cotista (sócio) do fundo imobiliário e isto não está relacionado à saúde financeira da corretora.

A CBLC, conhecida também como Câmara de Ações e Renda Fixa Privada, é a instituição responsável pela custódia, liquidação e garantia operacional de todas as transações eletrônicas efetuadas na Bolsa, embora seja a corretora de valores que forneça o *home broker* para o investidor.

Na condição de Central Depositária, a CBLC atua como *clearing house* (câmara de compensação), fazendo a intermediação e a custódia de todos os valores mobiliários que transitam pelo mercado de capitais do Brasil.

Logo, não são as corretoras que guardam os ativos financeiros, como ações de empresas e cotas de FIIs. Então, se porventura uma corretora quebrar, os correntistas ficam protegidos pela CBLC até que escolham outras corretoras para seguir com suas transações.

## 32) O que acontecerá comigo se eu negociar (comprar ou vender) fundos imobiliários destinados, exclusivamente, aos investidores qualificados?

Em primeiro lugar, não é recomendável que você passe uma informação errada para a sua corretora, apontando algo que você não seja de fato, pois a corretora pode ser advertida – e responsabilizada – por liberar sua atuação como investidor qualificado sem a devida comprovação.

O departamento ou o responsável pelo *compliance* da corretora deve monitorar esse tipo de situação.

Como você pode se enquadrar corretamente como investidor qualificado? São três possibilidades:

A. Se você for um investidor profissional de alguma instituição financeira, seguradora, sociedade de capitalização, plano de previdência ou clube de investimento.

B. Se você é pessoa física ou jurídica com patrimônio líquido superior R$ 1 milhão em aplicações financeiras. Neste caso, é preciso atestar esta situação por escrito.

C. Se você atuar como agente autônomo, administrador de carteira, analista ou consultor, sempre de forma certificada por instituição reconhecida pela CVM – Comissão de Valores Mobiliários.

Em resumo: mantenha seu cadastro atualizado para evitar algum transtorno no futuro.

## 33) Caso um FII, que tenha apenas um imóvel e apenas um inquilino, fique sem receber o aluguel por tempo indeterminado, acumulando despesas de manutenção, o cotista pode ser convocado a aportar recursos adicionais? Neste caso, ele seria obrigado a fazer isso? O cotista inadimplente com o fundo pode ser acionado na justiça em função disso?

Nestes casos, o administrador deverá convocar uma Assembleia Geral Extraordinária, explicar a situação com detalhes e buscar a aprovação de uma nova emissão de cotas com o objetivo de custear as despesas.

De maneira geral, essas emissões são realizadas com preços bem abaixo do valor patrimonial ou de mercado, justamente para atrair investidores.

O cotista atual não será obrigado a exercer seus direitos de preferência e, caso não os exerça, terá sua participação diluída no fundo.

Em resumo, não há qualquer obrigação: em momento algum um cotista que se negue a aportar valores adicionais num fundo imobiliário será acionado judicialmente, sobretudo pelo fato de o administrador ser o responsável fiduciário pelo fundo.

## 34) É possível prever, com margem de segurança, que um fundo imobiliário está a caminho de se tornar insolvente?

A insuficiência de caixa pode acontecer. É raro, mas é possível.

Em fundos grandes, é possível, mas pouquíssimo provável. Em fundos pequenos, esta possibilidade pode se tornar realidade, e a única forma de prever isto é monitorar o caixa líquido do fundo, bem como a dependência dos locatários.

Em fundos de tijolos, se houver muita concentração de inquilinos (fontes de receitas), uma eventual vacância poderá desarranjar o fluxo de caixa no médio prazo.

Portanto, sim, é possível prever e, nestes casos, é preciso que o cotista acompanhe tudo de perto.

Fundos grandes, bem diversificados e pouco concentrados em determinados locatários, apresentam esse risco de forma diluída.

# Informe Trimestral de FII

| Nome do Fundo: | RB CAPITAL RENDA I FUNDO DE INVESTIMENTO IMOBILIARIO - FII | CNPJ do Fundo: | 08.696.175/0001-97 |
|---|---|---|---|
| Data de Funcionamento: | 30/01/2007 | Público Alvo: | Investidores em Geral |
| Código ISIN: | BRFIIPCTF001 | Quantidade de cotas emitidas: | 927.162,00 |
| Fundo Exclusivo? | Não | Cotistas possuem vínculo familiar ou societário familiar? | Não |
| Classificação autorregulação: | Mandato: Renda<br>Segmento de Atuação: Híbrido<br>Tipo de Gestão: Passiva | Prazo de Duração: | Indeterminado |
| Data do Prazo de Duração: | | Encerramento do exercício social: | 30/06 |
| Mercado de negociação das cotas: | MB | Entidade administradora de mercado organizado: | |
| Nome do Administrador: | OLIVEIRA TRUST DTVM S.A. | CNPJ do Administrador: | 36.113.876/0001-91 |
| Endereço: | AVENIDA DAS AMÉRICAS, 3434, BLOCO 07 - SALA 201- BARRA DA TIJUCA- RIO DE JANEIRO- RJ- 22.640-102 | Telefones: | (21) 3514-0000 |
| Site: | www.oliveiratrust.com.br | E-mail: | ger2.fundos@oliveiratrust.com.br |
| Competência: | 1/2020 | Data de Encerramento do Trimestre: | 31/03/2020 |
| O Fundo se enquadra na definição da nota "6": | Não | | |

| 1. | Informações por tipo de ativo |
|---|---|
| 1.1 | Direitos reais sobre bens imóveis |
| 1.1.1 | Terrenos |
| | Não possui informação apresentada. |
| 1.1.2 | Imóveis |
| 1.1.2.1 | Imóveis para renda acabados |

| 1.1.2.1.1 | Relação de Imóveis para renda acabados (nome, endereço, área - m2, n° de unidades ou lojas, entre outras características relevantes*) | % de Vacância | % de Inadimplência (a partir de 90 dias de atraso) | % em relação às receitas do FII | Relação de setores de atuação dos inquilinos responsáveis por mais de 10% das receitas oriundas do imóvel | % em relação às receitas oriundas do imóvel | % em relação às receitas do FII |
|---|---|---|---|---|---|---|---|
| | Ambev<br>RUA ALFREDO PINTO N° 91 - SÃO JOSÉ DOS PINHAIS – PR<br>Área (m2): 10.376,55<br>N° de unidades ou lojas: 1<br>Galpão | 0,0000% | 0,0000% | 18,0000% | Varejo de Bebidas | 100,0000% | 18,0000% |
| | Barry<br>RUA "A", QUADRA "D" LOTES 11, 12 E 13 - ILHÉUS – BA<br>Área (m2): 9.917,95<br>N° de unidades ou lojas: 1<br>Galpão | 0,0000% | 0,0000% | 8,0000% | Alimentos | 100,0000% | 8,0000% |
| | C&A<br>RUA DR. MELLO FREIRE S/N - SÃO PAULO – SP<br>Área (m2): 4.103,94<br>N° de unidades ou lojas: 1<br>Loja no Shopping Metrô Tatuapé - SP | 0,0000% | 0,0000% | 10,0000% | Varejo | 100,0000% | 10,0000% |

Detalhe do Informe Trimestral do FII FIIP11B, fundo de tijolo focado em galpões de logística, publicado em 15/05/2020, referente ao período coberto até 31/03/2020. Este documento traz informações importantes, como a taxa de vacância dos imóveis e a taxa de inadimplência – neste caso, todas zeradas (fonte: https://fnet.bmfbovespa.com.br/fnet/publico/exibirDocumento?id=96180&flnk – *link* acessado em 18/06/2020).

# 35) Existe a figura do *turnaround* para fundos imobiliários, quando um FII reverte uma eventual situação crítica?

Sim, é possível. Mas esta tática funciona melhor em fundos pequenos – como se fossem os *Small Caps* dos FIIs. Uma vacância anunciada pode impactar de forma relevante as receitas, inclusive zerando todo o fluxo líquido dos aluguéis.

Obviamente, o mercado como um todo irá descontar isto no preço da cota, no mercado secundário. Vale a pena o investidor monitorar com atenção, avaliar as premissas e a qualidade implícita desse ativo e ponderar se há possibilidade de reverter a situação.

Por outro lado, é raro aplicar esse tipo de estratégia em fundos grandes, visto que dificilmente teremos impactos relevantes ao ponto de descontar a cota de forma muito expressiva.

Em suma: fundos grandes são *Blue Chips*, com musculatura suficiente para suportar as crises.

## 36) Nestes anos todos do mercado de fundos imobiliários, introduzido no Brasil na década de 1990, há algum que tenha fracassado completamente? Poderiam estabelecer uma relação entre os fundos que não deram certo e os fundos bem-sucedidos?

Em primeiro lugar, é importante definir o que é fracasso.

Sim, temos exemplos de fundos imobiliários que vieram a mercado a R$ 100 com a promessa de estarem totalmente locados em poucos meses e, alguns anos depois, estão sendo negociados pela metade do preço, com vacância alta e renda baixíssima.

Se for para citar um exemplo, podemos eleger o FII Panamby (PABY11) neste quesito. Criado em 1995, esse fundo de desenvolvimento projetava atuar no segmento residencial, na região do Panamby em São Paulo, vendendo terrenos para grandes construtoras de apartamentos. Uma questão de insegurança jurídica, porém, prejudicou o andamento dos negócios, pois a Prefeitura de São Paulo classificou os terrenos restantes do FII como áreas de preservação ambiental, ocasionando disputas da BRKB, subsidiária da Brookfield, com as diversas gestões municipais que se sucederam desde o começo dos anos 2000.

Em janeiro de 2020, a BRKB reduziu o valor patrimonial do PABY11, de R$ 250 por cota para o valor negativo de R$ 7,35 por cota. Quem foram os cotistas mais prejudicados? Alguns fundos de pensão como Previ, Petros e Valia. Menos de 10% das cotas estavam nas mãos de investidores de varejo. Ao todo, menos de 300 cotistas amargaram o prejuízo.

Por outro lado, a quantidade de fundos imobiliários que performaram acima de diversos *benchmarks* é notória e poderíamos citar dezenas de exemplos, haja vista que o IFIX, que congrega os FIIs mais representativos da Bolsa de São Paulo, apresentou resultados altamente positivos em sua primeira década.

Eis o motivo para defendermos fundos grandes, que buscam reciclar o portfólio praticando gestão ativa, promovendo emissões em busca de ativos que possam otimizar a relação de risco e retorno do fundo.

## 37) Qual seria o impacto do fim da isenção de IR sobre rendimentos de FIIs em carteira de longo prazo?

A tributação que foi proposta e discutida em 2021 ficaria por volta de 20%. Difícil saber quais fundos poderiam se recuperar, mas entendemos que os FIIs de papéis tendem a se ajustar com mais facilidade.

Com relação ao investidor, imagine que você tem cinco máquinas de fazer dinheiro. O governo vai lá e te toma uma. Claro que seria desastroso para a indústria. Matematicamente, você iria demorar um pouco mais de dois anos para recuperar a máquina que foi levada.

Devemos registrar, porém, que, se os FIIs contaram com isenção de impostos para seus rendimentos regulares desde meados da década de 2000, o mesmo não se aplica para a isenção sobre os dividendos distribuídos pelas ações das empresas, que já tiveram um longo histórico de cobrança de tributos.

Desde que o Sistema Financeiro Nacional foi reorganizado, em meados da década de 1960, dando origem à moderna Bolsa de Valores de São Paulo, já havia uma política de tributação dos proventos que, no entanto, não impediu investidores de alcançarem a independência financeira, mirando justamente na estratégia dos dividendos.

O investidor Décio Bazin, inclusive, publicou um livro neste sentido – *Faça Fortuna com Ações antes que seja Tarde* –, ainda na década de 1990, pouco antes da isenção dos tributos sobre os dividendos das empresas. A estratégia que ele apresenta em sua obra é altamente adaptável para os fundos imobiliários.

Ou seja, mesmo se houver mudanças na política de tributação dos rendimentos dos FIIs, muito provavelmente estes ativos financeiros seguirão atrativos como geradores de renda passiva, no longo prazo.

# V – TAXAS & TRIBUTOS

## 38) Não possuo rendimentos mínimos para fazer a Declaração de Imposto de Renda. Mesmo assim, preciso declarar meus FIIs?

Sim. A partir do momento em que você mantém FIIs em custódia, é necessário entregar a Declaração de Ajuste Anual do Imposto sobre a Renda de Pessoa Física – DIRPF, independente dos seus rendimentos anuais ou outros bens que possua.

Na verdade, se você tiver R$ 1 alocado em renda variável, por intermédio da Bolsa, já será preciso fazer a DIRPF.

Portanto, independente do porte do investidor no mercado de capitais, quando ele começa a investir, deve também se informar sobre como ficar em dia com a Receita Federal.

Neste aspecto, recomendamos o livro de Alice Porto, a Contadora da Bolsa: *101 Perguntas e Respostas sobre Tributação em Renda Variável: Tire suas dúvidas sobre tributação para Bolsa de Valores* – disponível como *e-book* no *site* da Amazon.

Outra fonte valiosa de informações neste sentido é o *Perguntão da Receita Federal*, atualizado a cada ano por uma equipe técnica da Secretaria Especial da Receita Federal do Brasil. Basta digitar os termos entre aspas no seu buscador favorito, para acessar o arquivo em PDF disponibilizado na Internet.

## 39) Qual o código do DARF para FII e onde posso emiti-lo?

O DARF é o Documento de Arrecadação de Receitas Federais. No caso dos fundos imobiliários, ele deve ser pago se o investidor fizer vendas de cotas de FIIs com ganho de capital, sendo a alíquota do tributo de 20% sobre os lucros auferidos.

O pagamento do DARF sobre ganho de capital com venda de FIIs deve ser feito até o último dia útil do mês seguinte à apuração dos lucros. O código é 6015.

Vale destacar que alguns *internet bankings* já disponibilizam diretamente em seus *websites* a possibilidade de emissão e pagamento do DARF. Consulte seu banco.

## 40) Quando tenho DARF menor que R$ 10, não preciso pagar nunca?

O investidor com valores inferiores a R$ 10 a serem pagos através de DARF não precisa realizar o pagamento. Porém, à medida que novas vendas forem realizadas, o valor devido deve ser somado aos anteriores e, no momento em que a soma alcançar o valor de R$ 10, o investidor deverá fazer o pagamento do imposto.

Em resumo: os valores inferiores a R$ 10 vão se acumulando entre um mês e outro.

## 41) Comprei um FII e apareceu no extrato provisionado da minha corretora (ou do CEI da B3) que irei pagar imposto de renda. O que aconteceu?

Não se preocupe, está tudo certo. Na verdade, isso acontece porque os FIIs são tributados em 20%. A isenção ocorre desde 2005 por uma legislação específica, quando as seguintes condições são atendidas:

I.   O cotista beneficiado tiver menos do que 10% das cotas do fundo;

II. O FII tiver no mínimo 50 cotistas;

III. As cotas do FII forem negociadas exclusivamente em Bolsa de Valores ou mercado de balcão organizado.

Se o seu fundo imobiliário se enquadra nessas condições, então você não será tributado, mesmo que o extrato indique a retenção. Na hora do crédito, o valor será ajustado, líquido de imposto de renda.

## 42) Como fica o cálculo de IR numa situação em que compro e vendo o mesmo ativo em duas corretoras diferentes? Devo calcular o imposto de renda com base no preço médio para cada corretora ou consolidado?

As métricas envolvidas para cálculo de imposto de renda são ponderadas por ativo negociado agrupado pelo CPF, ou seja, não importa a corretora, o cálculo do preço médio deve ser consolidado.

## 43) Posso vender até R$ 20 mil por mês em fundo imobiliário e não pagar imposto de renda?

Em relação a esse aspecto, os fundos imobiliários não funcionam como as ações, ou seja, não há isenção mensal para vendas limitadas.

Alguns *players* defendem a tese de que os FIIs estariam enquadrados em ativos de baixo valor e poderiam ser vendidos com isenção de impostos até o valor de R$ 35 mil. Porém, não há nada totalmente apurado sobre isto.

Na dúvida, se vender com lucro, recolha o IR até o último dia útil do mês subsequente.

## 44) As corretoras hoje estão com corretagem zero. De que forma elas ganham dinheiro?

As corretoras ganham com a venda de pacotes de corretagens para operações especulativas como o *Day Trade;* e também ganham comissões com a venda e distribuição de outros produtos, como fundos de investimentos, IPOs, subscrições, emissões, letras de crédito, debêntures e COE, por exemplo.

Outras fontes de receita podem ser originadas em comercialização de cursos, cobertura de margem (quando os clientes passam algum tempo com a conta negativa) e também no *floating*, quando o dinheiro dos clientes fica parado na conta.

## 45) As taxas de administração e gestão de um FII se configuram num fator determinante a ser levado em consideração?

Essas taxas são boas medidas para se comparar FIIs do mesmo segmento, ou seja, com alocações semelhantes.

Indiretamente, essas taxas podem ser um termômetro que reflete a intenção do administrador e gestor – ambos devem trabalhar em prol dos cotistas e receber um valor justo pelo serviço desempenhado.

Como são descontadas antes da distribuição, alguns investidores não costumam dar a elas a devida importância. No entanto, no longo prazo, procure avaliar se esses profissionais estão gerando valor para o fundo e se as taxas estão alinhadas com a qualidade do serviço prestado aos cotistas.

Vale reforçar que não existe "taxa ideal" – cada fundo possui sua própria dinâmica e relação entre risco e retorno, que deve ser considerada nos custos gerais do produto.

**DRE ESTRATIFICADO (Valores em R$)**

| | mai-20 | abr-20 | mar-20 | fev-20 | jan-20 | Semestre | 12 Meses |
|---|---|---|---|---|---|---|---|
| I. Receitas com CRI (a+b+d) | 5.834.851 | 3.447.517 | (2.377.032) | 4.930.133 | 4.545.146 | 16.380.614 | 25.905.591 |
| (a) Juros dos CRIs | 2.017.428 | 2.030.612 | 2.548.054 | 1.884.940 | 2.214.850 | 10.695.885 | 17.937.851 |
| (b) Atualização Monetária CRIs - Total | 1.387.859 | 708.146 | 682.886 | 2.254.058 | 1.869.024 | 6.901.973 | 8.579.841 |
| (c) Atualização Monetária CRIs com caixa para distribuir* | 1.304.281 | 595.156 | 686.245 | 1.703.687 | 1.332.602 | 5.621.970 | 6.666.338 |
| (d) Valorização dos CRIs | 2.429.564 | 708.758 | (5.607.973) | 791.136 | 461.271 | (1.217.244) | (612.101) |
| II. Receita com FIIs (a+b) | (127.810) | 325.003 | (1.743.088) | (133.896) | (1.189.243) | (2.869.035) | (187.157) |
| (a) Distribuição de Rendimentos | 79.121 | 79.121 | 85.207 | 97.379 | 101.031 | 441.858 | 675.942 |
| (b) Valorização Cotas | (206.931) | 245.882 | (1.828.294) | (231.276) | (1.290.274) | (3.310.893) | (863.100) |
| III. Receita com LCIs (a+b) | 0 | 0 | 0 | 0 | 0 | 0 | 333.916 |
| (a) Juros das LCIs | 0 | 0 | 0 | 0 | 0 | 0 | 333.916 |
| (b) Valorização das LCIs | 0 | 0 | 0 | 0 | 0 | 0 | 0 |
| IV. Receita Fundo Liquidez | 233.808 | 265.727 | 330.179 | 265.078 | 72.580 | 1.167.371 | 2.527.601 |
| (a) Rendimento | 233.808 | 265.727 | 330.179 | 265.078 | 72.580 | 1.167.371 | 2.527.601 |
| V. Despesas | 1.244.196 | 483.559 | (16.358) | 950.150 | 582.011 | 3.243.558 | 4.884.163 |
| (a) Taxa de Administração | 455.621 | 454.698 | 503.451 | 411.524 | 325.077 | 2.150.371 | 3.711.005 |
| (b) Taxa de Performance Paga | 0 | 0 | 0 | 0 | 250.715 | 250.715 | 250.715 |
| (c) Taxa de Performance Provis. | 775.493 | 0 | (527.900) | 527.900 | 0 | 775.493 | 775.493 |
| (d) Outras Despesas | 13.082 | 28.862 | 8.091 | 10.726 | 6.219 | 66.979 | 146.950 |
| Resultado Líquido - Contábil | 4.696.653 | 3.554.688 | (3.773.582) | 4.111.165 | 2.846.471 | 11.435.393 | 23.695.788 |
| Resultado Líquido - Caixa | 2.390.441 | 2.487.056 | 3.666.044 | 2.944.180 | 3.127.263 | 14.614.893 | 23.228.941 |
| Resultado por cota (R$) | 0,62 | 0,65 | 0,96 | 0,82 | 1,30 | 4,35 | 7,94 |
| Valor distribuído | 2.680.000 | 2.718.286 | 3.177.715 | 2.919.918 | 3.107.790 | 14.603.709 | 23.217.667 |
| Distribuição por cota (R$) | 0,70 | 0,71 | 0,83 | 0,80 | 1,29 | 4,33 | 7,92 |

Onde:

Resultado Líquido - Contábil = I + II + III + IV - V

Resultado Líquido - Caixa = I.a + I.c + II.a + III.a + IV - V

*Atualização monetária contabilizada no período e com disponibilidade de caixa para distribuição.

Reprodução da página 15 do Relatório Gerencial de HABT11, publicado em 15/06/2020, referente ao período coberto até 29/05/2020. No destaque estão as despesas com as taxas de administração e de performance, entre outras. Este FII é focado em CRIs do tipo *high yield* (fonte: https://fnet.bmfbovespa.com.br/fnet/publico/exibirDocumento?id=101092&flnk – *link* acessado em 18/06/2020).

## 46) Como são pagas as taxas de administração e gestão dos fundos imobiliários? Em que momento devo pagá-las?

Todas as taxas são descontadas antes da distribuição de rendimentos, portanto, quando o cotista recebe os dividendos mensais, estas taxas já foram recolhidas e ele não precisa se preocupar com isso.

A renda paga por um FII para o cotista é sempre uma renda líquida.

## 47) Em que consiste a taxa de escrituração em um fundo imobiliário?

O banco escriturador é quem faz o controle da relação entre cotas e cotistas.

Via de regra, essa taxa pode chegar a até 0,30%, por exemplo, mas normalmente essa cobrança fica num patamar bem menor. Só chegaria a este valor se o fundo tivesse milhares e milhares de cotistas, o que não é o caso de grande parte dos FIIs listados.

Por isso, certos investidores não apreciam fundos cujas cotas possuem valores muitos baixos, como R$ 2, por exemplo. Isso costuma gerar um excesso de cotistas e, em função dos custos, acaba comprometendo a rentabilidade final.

# VI – TIPOS DE FIIs

## 48) Quais são os tipos de fundos imobiliários existentes?

**Fundos de renda (tijolos)**: são fundos que possuem participação direta em imóveis e obtêm uma renda a partir desses ativos. Dentre os fundos de tijolos, cabe destacar a gama variável de subtipos de imóveis físicos, como: FIIs logísticos e industriais, FIIs de *shoppings* e varejo, FIIs de hospitais, FIIs educacionais, FIIs de agências bancárias, entre outros.

**Fundos de recebíveis imobiliários (papéis)**: esses fundos investem em recebíveis imobiliários (CRIs), que são títulos de renda fixa lastreados em imóveis. São considerados fundos de papel por não possuírem ativos físicos.

**Fundos de fundos**: são fundos que investem em outros fundos. Ao investir em um FOF (sigla em inglês para *fund of funds*), você está comprando uma cesta imobiliária com vários outros ativos. Os gestores geram resultados da própria renda dos FIIs no portfólio e em relação ao ganho de capital (giro de posições).

**Fundos de desenvolvimento**: esses fundos captam dinheiro para investir na construção de imóveis, visando a ganhos através da sua venda.

**Fundos híbridos:** este é um tipo promissor de fundo, pois sua estratégia de investimento não prevê concentração específica em nenhuma classe de alocação de capital. Ou seja, seus gestores podem mesclar as carteiras internas com imóveis físicos, imóveis em desenvolvimento e CRIs, por exemplo.

## 49) Quais os tipos de FIIs que possuem maior potencial de valorização e remuneração ao cotista em uma eventual retomada da economia, após um período de recessão?

A princípio, todos os fundos de renda (tijolos) tendem a melhorar com a retomada da economia.

Em geral, um PIB aquecido, com inflação controlada, irá refletir nos preços dos aluguéis, além, obviamente, de incentivar o consumo em *shopping centers*.

Lembre-se apenas de que o Brasil é um país diferente. Temos de ficar de olho no PIB? Sim. Mas não podemos tirar do nosso radar a inflação e os juros, que podem influenciar bastante a precificação no secundário, também.

Gráfico divulgado pelo Banco Central do Brasil, com a meta para a inflação e projeções até o mês de junho de 2021, indicando tendência de queda suave no IPCA (fonte: https://www.bcb.gov.br/estatisticas/grafico/graficoestatistica/precos – *link* acessado em 18/06/2020).

## 50) Quais são as vantagens e desvantagens de um FOF? Já ouvi pessoas dizendo que jamais comprariam cotas de fundos de fundos. FOFs podem ser utilizados como renda na aposentadoria?

Os FOFs são bons pelo fato de serem naturalmente diversificados e terem gestões profissionais. Há também vantagem tributária pelo fato de o fundo distribuir o lucro líquido para você.

Pelo lado negativo, os custos são mais altos (taxas sobre taxas), não conseguem aproveitar todos os momentos do mercado (*timing*) e também se posicionam em ativos que você, talvez, não gostaria de ter diretamente.

Os FOFs funcionam bem em momentos de alta na Bolsa. Porém, quando o mercado muda a mão, as dificuldades aparecem e as cotações dos FOFs tendem a cair também.

Outro ponto é quando você compra um FOF, mas já possui uma carteira bem diversificada. Neste caso, não faz muito sentido.

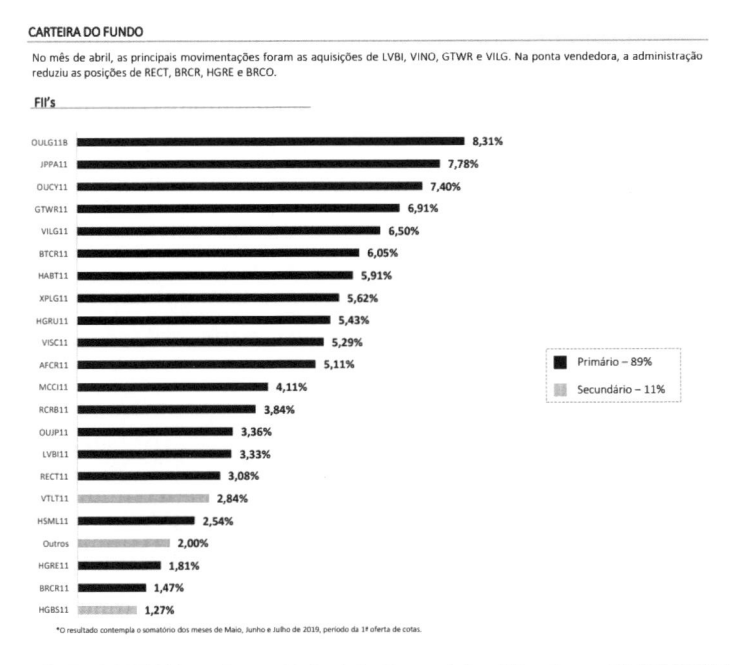

**Carteira do FOF OUFF11 conforme Relatório Gerencial publicado em 25/05/2020, com dados do período coberto até 30/04/2020. Ao todo, são 21 ativos principais, fora outros diluídos, cuja maior participação é do FII OULG11B, com 8,31% do portfólio (fonte: https://fnet.bmfbovespa.com.br/fnet/publico/exibirDocumento?id=97317&flnk – *link* acessado em 18/06/2020).**

## 51) Como um fundo de desenvolvimento entrega valor para o cotista?

Os fundos de desenvolvimento atuam com uma estratégia diferente dos fundos de tijolos convencionais. Enquanto estes exploram o uso de imóveis já consolidados e rentáveis, os fundos de desenvolvimento investem na prospecção de áreas para loteamentos e na construção de edifícios diversos.

Os fundos de desenvolvimento buscam lucros com as receitas provenientes das vendas dos imóveis nos quais investem. Neste sentido, atuam de modo semelhante ao de empresas de incorporação, embora não possam contrair dívidas para implementar suas atividades.

Por natureza, um fundo de desenvolvimento não paga, necessariamente, rendimentos regulares e mensais. No entanto, a distribuição de proventos pode ser concentrada e, consequentemente, de alto valor.

Analisar um fundo de desenvolvimento geralmente é um procedimento mais complexo do que avaliar outros tipos de fundos, pois é preciso compreender a natureza dos empreendimentos que projetam rendas futuras.

Por esta razão, o perfil de seus cotistas tende a ser formado por um público mais experiente, com maior tolerância em relação a prazos alongados e a eventuais interrupções de fluxos mensais de rendimentos.

# VII – FUNDOS DE RENDIMENTOS / TIJOLOS

## 52) O que é um imóvel com contrato do tipo *Built-to-Suit* (BTS)?

Imóveis BTS são construídos especificamente para atender demandas de uma determinada empresa solicitante, que pagará o aluguel integral até o vencimento, sem possibilidade de renegociações futuras com os proprietários da edificação.

Vale destacar que, em caso de rescisão antecipada, o locatário deverá pagar todos os fluxos vincendos. Portanto, nesse caso, a locação é realizada através de contratos atípicos.

## 53) O que é uma operação de *Sale and Leaseback* (SLB)?

Quando uma empresa já detém um imóvel do qual faz uso, ela pode decidir continuar presente no ativo, porém na condição de locatária. Nesses casos, há a alternativa de vender o imóvel para, em seguida, alugá-lo do novo dono (FII). Nestas situações, a locação ocorre através de contratos atípicos.

Em alguns casos, há cláusula de recompra ao longo da vigência ou ao final do contrato. Ou seja, caso a locatária decida comprar novamente o imóvel, ela terá a preferência nesse negócio.

## 54) O que é um *Retrofit*?

*Retrofit* é um termo composto por *retro* (andar para trás) e *fit* (ajuste). Ou seja, no caso dos FIIs é o processo de reformar um imóvel, com o propósito de modernizá-lo e, consequentemente, aumentar o seu valor e atratividade – algo que favorece o aumento dos preços dos aluguéis a serem recebidos.

O *Retrofit* também pode ser utilizado para adequar imóveis às novas normas da legislação ou garantir a manutenção e revitalização de componentes da arquitetura original.

Alguns pontos devem ser considerados: o *Retrofit* geralmente custa menos da metade da construção de um imóvel novo, lembrando que o grande prêmio é procurar revitalizar a propriedade em linha com as exigências normativas atuais.

Há, inclusive, empresas especializadas em certificações especiais para estes casos, trazendo ainda mais credibilidade ao projeto.

Um ponto de alerta é que o *Retrofit* nem sempre irá possibilitar adaptações construtivas, sobretudo pela limitação física.

Portanto, um prédio *"retrofitado"* é, muitas vezes, uma boa alternativa, mas não necessariamente a melhor.

### 55) Como precificar a idade dos imóveis nos fundos imobiliários? Quando fui financiar um imóvel, levei em consideração a sua idade, haja vista que sua expectativa de utilização girava em torno de 100 anos. Isso está correto? Quando se fala em *Retrofit,* remete-se a essa ideia?

Uma preocupação recorrente para os investidores de imóveis é o que deve ser feito a fim de preservar o patrimônio, e isso envolve muitas variáveis que, frequentemente, podem custar caro. Nos fundos imobiliários, isso não é diferente.

A questão é que todo imóvel envelhece com o tempo, além, obviamente, das técnicas construtivas, que mudam década a década.

A bem da verdade, manter o portfólio do fundo atualizado é quase um dever fiduciário dos administradores e gestores. A questão é que *"na teoria, a prática é diferente".*

Infelizmente, não temos visto muita atividade neste sentido desde o início da indústria de FIIs no Brasil. Pelo contrário, até mesmo fundos com o mandato de gestão ativa têm realizado movimentos em um ritmo muito lento em relação à reciclagem das propriedades ali presentes.

O ideal seria ter critérios de entradas e saídas bem claros e definidos, até para que o fundo pudesse ter a capacidade de arbitrar estas operações, como forma de gerar valor aos cotistas que se dispõem a pagar taxas maiores para que seu patrimônio seja administrado com visão perene.

Se você tem na mão um imóvel com excelente localização, é importante ter um bom plano de manutenção, ou mesmo considerar a possibilidade de um *Retrofit* em algum momento, mirando uma estratégia de longo prazo.

Portanto, não há uma resposta única. Vai depender muito da tipologia do prédio. Vale lembrar que alguns ativos podem inclusive ser reconstruídos. Por isso, os FIIs que são proprietários dos terrenos acabam tendo um valor implícito maior.

Já num prédio corporativo, isso é bem mais difícil, daí o *Retrofit* acaba sendo a principal ferramenta de atualização.

No caso dos galpões logísticos, é preciso avaliar com mais critério, pois dependerá do tipo de operação demandada. Já nos *shoppings* valerá, na maioria das vezes, a criatividade da administradora do empreendimento em conseguir um projeto que possa criar um novo estilo para o *layout*.

## 56) Os FIIs de lajes corporativas com vacância entre 15% e 18% estão em uma boa situação?

O melhor cenário é quando a vacância fica entre 5% e 10%. Acima de 50% é um patamar crítico. A renda neste caso tende a zero, face aos custos das áreas vagas. Logicamente, zero de vacância é o ideal.

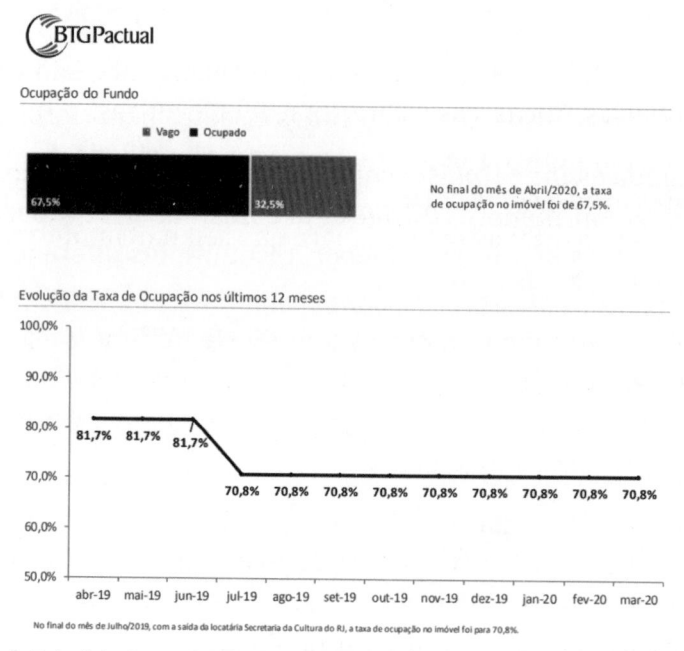

Detalhe do Relatório Gerencial do FII EDGA11, publicado em 18/06/2020 com dados do período coberto até 31/05/2020. Neste caso, os gestores optaram por salientar a taxa de ocupação, ao invés da taxa de vacância, apurada em 32,5% ao fim de abril de 2020 (fonte: https://fnet.bmfbovespa.com.br/fnet/publico/exibirDocumento?id=101722&flnk – *link* acessado em 19/06/2020).

## 57) Quando se fala em fundos de *shopping centers,* o que são lojas âncoras, satélites e megalojas? Por que saber o percentual de cada uma que compõe o portfólio é importante? Que conclusões se pode tirar com base nessa informação?

As lojas **âncoras** são as maiores – via de regra, são grandes redes varejistas, que ocupam parte relevante do *shopping*.

Como exemplo, citamos Renner, C&A, Riachuelo, dentre outras. O termo "âncora" decorre justamente do fato de estas lojas ancorarem o *shopping* – sem elas, o fluxo de pessoas e veículos tende a ser menor.

Já as lojas **satélites** são as menores. Normalmente, são cafeterias, joalherias, óticas, casas lotéricas, dentre outras.

Temos ainda as **megalojas** – como o próprio nome diz, são lojas grandes, porém, menores do que as âncoras. São lojas capazes de ocupar parques de diversão *indoor*, restaurantes diferenciados, lojas de calçados. Enfim, são operações que não conseguiriam se estabelecer como lojas âncoras, porém, ao mesmo tempo, não são lojas satélites.

Ainda sobre este tema, vale reforçar que as lojas âncoras são as que possuem o menor valor pago do aluguel por metro quadrado. A explicação é simples: não se pode cobrar o mesmo valor que o de uma loja satélite, por exemplo, pois poderia inviabilizar o próprio negócio ali presente.

Outro ponto a destacar são os **quiosques** – estas áreas são as mais caras, visto que o locatário possui um pequeno negócio e está nos pontos mais estratégicos de um *shopping*, ou seja, direto no próprio corredor onde há relevante circulação de pessoas. É natural que o preço pago seja, proporcionalmente, o mais caro de todos.

A grande pergunta é: como descobrir a distribuição das receitas do meu fundo de *shoppings*?

Infelizmente a resposta não é objetiva, visto que nem todos os gestores apresentam as receitas separadas por tipologia. Neste caso, teríamos de fazer uma pesquisa à parte, diretamente com o gestor. No entanto, em alguns casos, especialmente os fundos monoativos conseguem apresentar esses dados mais claramente.

Por fim, temos de pontuar que os *shoppings* mais populares contam com maior participação de lojas âncoras. Em geral, são operações que ofertam artigos mais acessíveis.

Já os *shoppings* de luxo preferem focar nas lojas satélites, ou seja, operações com nicho específico e que possam atender o consumidor de forma mais exclusiva.

## 58) A respeito dos FIIs que possuem silos e armazéns de grãos: segundo o IBGE, o Brasil possui um déficit de aproximadamente 30% no armazenamento de grãos. Quais seriam os desafios desse setor específico e quais as perspectivas de investimentos dos FIIs nesse tipo de ativo que ainda tem muito espaço para crescer no Brasil?

### GALPÕES LOGÍSTICOS

| | Localização | Área Construída | Aluguel/m² | Valor do Aluguel | Vencimento |
|---|---|---|---|---|---|
| Nissei | Colombo/PR | 15.920,00m² | R$17,44 | R$277.708,54 | Jun/2027 |
| ambev | Itajaí/SC | 9.048,00m² | R$27,05 | R$244.762,36 | Ago/2027 |
| Moinho Iguaçu | Cascavel/PR | 5.680,00m² | R$22,73 | R$129.134,47 | Jun/2027 |
| Moinho Iguaçu | São Miguel do Iguaçu/PR | 7.164,00m² | R$28,19 | R$201.979,48 | Jun/2027 |
| Todimo | Cuiabá/MT | 23.050,00m² | R$12,19 | R$280.924,28 | Dez/2027 |
| Hering SantaCruz | Anápolis/GO | 36.611,00m² | R$11,68 | R$427.484,17 | Jan/2035 |
| ambev | Pelotas/RS | 9.913,00m² | R$30,12 | R$298.518,49 | Mar/2025 |

**Detalhe do Relatório Gerencial do FII GGRC11, publicado em 24/06/2019 com dados do período coberto até 31/05/2019. Na ocasião, o fundo tinha dois de seus sete galpões de logística alugados para a Moinho Iguaçu – empresa com forte atuação no ramo agropecuário (fonte: https://fnet.bmfbovespa.com.br/fnet/publico/exibirDocumento?id=52010 – *link* acessado em 19/06/2020).**

De fato, há, sim, este déficit, que os FIIs poderiam explorar. O fundo GGRC11 talvez seja o pioneiro.

A questão é que estes ativos são de uso específico e, portanto, com total dependência do locatário. Alguns gestores não gostam deste tipo de aproximação e preferem ativos que, em tese, teriam uma recolocação mais ágil em caso de vacância.

Tudo se resume em estudar bem o ativo e se manter próximo do locatário – tarefa esta que os cotistas devem cobrar dos gestores.

**59) Como investidores que não moram em São Paulo podem identificar quais são os melhores bairros ou regiões para investir nessa cidade, que é o principal mercado de fundos imobiliários?**

A Internet cada vez mais facilita a vida dos investidores, que podem investir remotamente em diversos FIIs, sem a necessidade de conhecer os imóveis, ou mesmo o entorno deles, pessoalmente. Como isso já é possível?

Através de um buscador como o Google, o investidor pode pesquisar quais são as regiões mais nobres, bem como os preços praticados. Também dá para encontrar avaliações de terceiros a respeito de uma determinada região.

O próprio Google oferece uma ferramenta muito útil: o Google Maps. Ao navegar por ele, temos uma noção do padrão construtivo do imóvel e como se dá o fluxo em uma determinada região.

Por fim, é importante que cada investidor desenvolva seu *network* através das diversas comunidades em redes sociais, nas quais podemos perguntar para os membros o que acham de uma determinada localidade que eles conheçam pessoalmente.

# VIII – FUNDOS DE RECEBÍVEIS / PAPÉIS

## 60) Quais fatores devemos usar para analisar um FII de papel e qual o peso de cada um deles?

Essencialmente, um fundo de CRI é um fundo de crédito.

Para o investidor comum, na ponta final do processo, é difícil acompanhar, na vírgula, a saúde do fluxo de caixa compreendido numa operação de CRI. Neste sentido, é de extrema importância ter gestores e administradores em quem você confie e, quando fizer algum contato, que eles demonstrem ter controle da saúde dessa operação.

De modo geral, os FIIs com perfil mais corporativo são mais fáceis de avaliar, visto que são ancorados em empresas já conhecidas do setor. FIIs pulverizados são mais complexos, por isso exigem retorno maior.

Por fim, mas não menos importante, vale observar a composição da carteira entre inflação e CDI. Pensamos que é razoável ter mais âncora em inflação.

## 61) Quais seriam as principais vantagens e desvantagens dos fundos de CRIs (papéis)?

FIIs de papéis são ativos de renda variável que possuem ativos de renda fixa em seu portfólio. Este tipo de ativo tende a ter menor volatilidade do que os clássicos fundos para renda (tijolos).

Em geral, estes fundos possuem CRIs indexados à inflação (IPCA ou IGPM) ou mesmo ao CDI. Obviamente, há sempre um prêmio adicional em relação aos clássicos ativos de renda fixa.

É importante ponderar que os FIIs de CRIs distribuem juros e correção monetária no investimento. Portanto, apesar de um retorno maior do que a média do mercado, o investidor deve estar atento à sua capacidade de reinvestimento para preservar o capital no longo prazo.

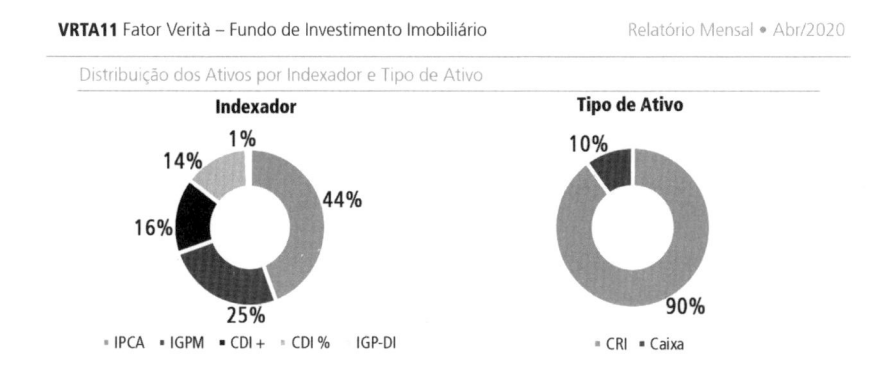

**VRTA11** Fator Verità – Fundo de Investimento Imobiliário — Relatório Mensal • Abr/2020

**Adaptação de detalhe do Relatório Gerencial do FII VRTA11, publicado em 29/05/2019 com dados do período coberto até 31/04/2020. O gráfico da esquerda apresenta a distribuição dos ativos do fundo por indexador, com 44% ancorado em IPCA, 25% em IGPM, 16% em CDI+, 14% em CDI% e 1% em IGP-DI. Já o gráfico da direita revela que o FII em questão tem 90% de seu capital alocado em operações de CRI e 10% em caixa (fonte: https://fnet.bmfbovespa.com.br/fnet/publico/exibirDocumento?id=98407 - *link* acessado em 19/06/2020).**

## 62) Costumamos ouvir que fundos de papéis precisam ser alimentados na carteira constantemente, para não perder valor, pois não são corrigidos pela inflação. Já os fundos de tijolo teoricamente pagam menos por mês, porém corrigem pela inflação. Está correto isso?

Você enriquece em FII de papel comprando mais cotas, e não pela valorização em si. E você compra mais cotas reinvestindo ao menos o que representa a parte da inflação.

O cupom – o rendimento distribuído pelo FII – pode ser usado para suas despesas, mas procure ser conservador. Portanto, controlar despesas é tão importante quanto acumular patrimônio.

Voltando aos papéis. Muita gente do mercado fala que FII de papel vai a zero com o tempo. É uma premissa da qual discordamos, porque estes fundos fazem ofertas *follow on*, mantendo assim a capacidade de securitizacão.

### 63) Fundos de papéis (CRIs) se valorizam com altas da taxa da Selic, assim como se desvalorizam com a queda dessa taxa básica de juros?

FIIs de papéis têm mais relação com a inflação. De todo modo, possuem também ativos atrelados ao CDI, além do próprio caixa. Neste sentido, sim, possuem uma correlação positiva com a taxa Selic.

No entanto, o mais importante é ficar sempre de olho na renda real, ou seja, quanto o fundo está pagando acima da inflação. Este é o indicador que, de fato, interessa.

### 64) Como ficam os fundos de recebíveis se a inflação for alta e, consequentemente, aumentar a taxa Selic?

Entenda sempre que a renda real está preservada. Acontece que o retorno nominal aumenta e acaba atraindo mais investidores.

Portanto, com um eventual aumento da inflação acumulada em doze meses, em especial no IGPM, além de uma possível alta da Selic, estes FIIs tenderiam a ganhar mais tração.

# IX – ANÁLISE

## 65) Como saber se vale a pena investir em um FII?

Analisar um FII não é uma tarefa simples. Não é recomendável basear-se apenas em um ou outro fator pontual, como distribuição recente ou grande valorização das cotas.

Sugerimos que o investidor leia os Relatórios Gerenciais do fundo, para compreender qual é o seu objetivo e quais são os ativos que possui – sejam eles imóveis físicos, papéis ou até mesmo outros fundos imobiliários.

Também vale a pena analisar o histórico da gestão, incluindo a comunicação com os cotistas e a aderência aos objetivos. A partir daí, o investidor pode avaliar se tem interesse, ou não, naquele FII, e se vale aportar naquele momento, dadas as expectativas atuais e futuras.

## 66) Cada indicador para analisar FIIs possui importância e relevância. Porém, para fazer uma análise inicial, quais seriam os indicadores essenciais?

O indicador que talvez seja o mais procurado entre os investidores de FIIs é o *Dividend Yield* anual, que relaciona em porcentagem o preço da cota do ativo *versus* o valor acumulado de seus rendimentos ao longo dos doze meses precedentes.

Obviamente, não se deve atentar somente para esse aspecto.

Estudar o P/VP, ou seja, o Preço da cota em relação ao Valor Patrimonial da cota do FII, também é importante. O preço da cota varia diariamente, pois é dado pelo mercado.

Já o valor patrimonial da cota é aferido por profissionais terceirizados que são contratados por quem administra o fundo.

Por fim, a liquidez do ativo também deve ser levada em conta, em uma primeira análise. O FII tem participação no IFIX? Quantas negociações são realizadas, por mês, em torno desse fundo?

Nos fundos de tijolos, averiguar a vacância dos imóveis é fundamental.

Não existem parâmetros fixos que possam valer para todos os investidores. Para lidar com os indicadores, é preciso que o investidor reconheça e respeite o próprio perfil de tolerância aos riscos.

O que está caro para alguns pode ser barato para outros. Enquanto alguns buscam liquidez elevada nos ativos, outros focam na oportunidade de obter bons rendimentos, mesmo com liquidez reduzida, e assim por diante.

Realmente, *"os FIIs são um bicho diferente"*, como o professor Arthur Vieira de Moraes diz.

Não dá para avaliar apenas os indicadores. É importante considerar uma identificação implícita com o portfólio do fundo, além de questões de transparência e governança do gestor.

Procure entender o fundo e a dinâmica da composição da renda. É um trabalho recorrente, mas é por isso mesmo que os FIIs são instrumentos extraordinários, pois criam uma relação única com o investidor.

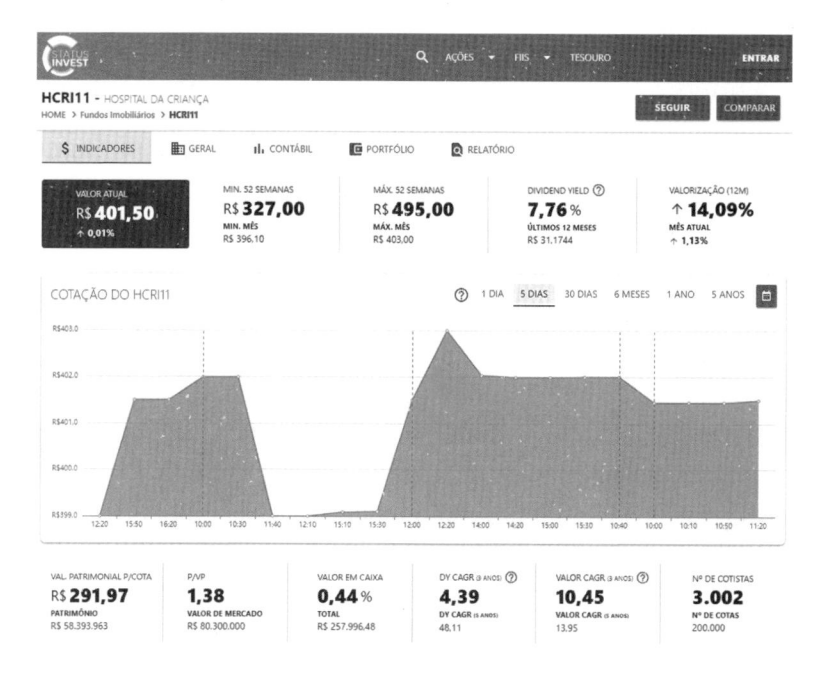

Página do FII HCRI11 no portal Status Invest, que agrega indicadores fundamentalistas tanto de ações como de fundos imobiliários, configurando-se como ótima ferramenta para iniciar análises de ativos de renda variável no mercado financeiro do Brasil (fonte: https://statusinvest.com.br/fundos-imobiliarios/hcri11 – *link* acessado em 19/06/2020).

## 67) Seria recomendado não comprar FII com P/VP acima de 1, pois estaria caro demais?

O indicador Preço/Valor Patrimonial (P/VP) é um indicador teórico que representa o quanto um fundo está acima do seu valor patrimonial (maior que 1) ou abaixo do valor patrimonial (menor que 1).

Assim como todos os indicadores, não deve ser analisado isoladamente, nem mesmo como fator decisivo.

O mercado em geral costuma precificar os FIIs pelo seu poder de distribuição de dividendos em comparação com títulos de renda fixa. Portanto, nem sempre um fundo com P/VP elevado está caro demais.

Este é um bom indicador que, somado a uma análise mais ampla, pode ajudar na tomada de decisão.

## 68) Liquidez é um problema para investir em FIIs?

Os fundos imobiliários possuem, em geral, liquidez bem menor do que a verificada no mercado de ações.

Apesar disso, para muitos fundos listados, a liquidez é mais do que suficiente para que o investidor médio, pessoa física, possa comprar ou vender suas posições sem maiores problemas. Em meados de 2021, por exemplo, o giro diário médio dos FIIs na B3 era entre R$ 250 milhões e R$ 300 milhões.

Agora, se você comparar a liquidez dos FIIs com a liquidez dos imóveis tradicionais, notará uma grande vantagem em investir via Bolsa de Valores.

Caso precise de recursos por qualquer razão, você pode vender apenas uma parte de sua posição em determinado FII. Isso raramente ocorre num imóvel convencional.

Ao vender cotas de FIIs, você recebe o dinheiro em sua conta em poucos dias após a liquidação da negociação na Bolsa. O mesmo não ocorre com imóveis físicos, que podem levar meses para serem efetivamente negociados.

Os FIIs não estão sujeitos aos trâmites burocráticos que incidem sobre os imóveis comuns, especialmente os relacionados aos cartórios de registros; tampouco pagam comissões elevadas para imobiliárias e ITBI para as prefeituras.

Quando um imóvel é vendido com financiamento, outros meses

podem decorrer após a assinatura do contrato, até que o vendedor receba os valores combinados.

Por tudo isso, a liquidez da maioria dos FIIs não representa um empecilho para os investidores.

## 69) Onde consigo informações sobre a qualidade e capacitação dos gestores de FIIs?

Os Relatórios Gerenciais dos fundos imobiliários são muito importantes para a comunicação entre o gestor e o cotista.

Verifique a qualidade dos relatórios, se estão melhorando ou se estão estagnados. Tente ver também o histórico do fundo e como o gestor atuou diante dos fatos relevantes do passado, e como eles administraram diferentes situações.

O passado de um FII diz muito sobre como ele foi administrado. Por fim, vale destacar a importância do contato direto por telefone ou mesmo presencialmente. É um importante passo na vida do investidor de longo prazo.

Por menor que seja a participação de um cotista num FII, ele tem pleno direito de estreitar contato com os gestores.

## 70) Como entro em contato com o gestor de um FII?

Em geral, nos relatórios do fundo ou no *website* da gestora, o investidor terá condições de encontrar os meios de contato (*e-mail*, telefone, endereço, dentre outros).

Recomendamos, fortemente, que os investidores criem o hábito de entrar em contato com os gestores dos FIIs para buscar informações específicas.

Muitas vezes, uma simples ligação é capaz de esclarecer alguma questão que levaria horas para ser respondida. Pense nisto e conheça mais quem cuida do seu patrimônio.

**71) Supondo que fiz meu trabalho de casa e que, ao analisar um fundo, estou satisfeito com o gestor e o portfólio, como estabelecer um preço teto? 5% acima do valor da cota patrimonial parece razoável?**

Veja quanto um título público de inflação está pagando (NTN-B) e coloque um *spread* razoável – algo por volta de 3% acima é um ponto de equilíbrio.

Neste caso, o foco da análise não está na comparação entre o preço da cota e o valor patrimonial dela, mas em quanto o fundo imobiliário entrega de rendimentos ao ano, em comparação com os juros acordados pelo referido título público.

**A Agência IBGE divulga que o IPCA acumulado de 2019 foi de 4,31%. Pesquisar fontes primárias de informações é um bom caminho para o investidor basear suas análises e decisões com dados confiáveis (fonte: https://agenciadenoticias.ibge.gov.br/agencia-sala-de-imprensa/2013-agencia-de-noticias/releases/26619-em-dezembro-ipca-foi-de-1-15-e-acumulou-alta-de-4-31-em-2019 – link acessado em 18/06/2020).**

Por exemplo: consideremos uma oferta, em janeiro de 2020, de um título público NTN-B com vencimentos em 15 de maio de 2023, convencionando um retorno baseado em "IPCA + 2%".

Tomando por base que o IPCA de dezembro de 2019, relativo aos doze meses anteriores, foi de 4,31%, temos juros totais de 6,31% nesse momento.

Adicionando uma margem de segurança de 3%, o fundo imobiliário em análise teria que indicar um potencial de 9,31% na forma de rendimentos em um ano, com base no seu histórico de distribuições. Logicamente, devemos adotar uma tolerância para estes números, a depender da conjuntura do mercado.

## 72) Normalmente, consideramos um prêmio de 2% a 3% acima de NTN-B (Título Público / IPCA+) para que um FII possa se apresentar atrativo. Esta premissa não deveria considerar a inflação?

Nós entendemos que um ativo imobiliário, no longuíssimo prazo, deve proteger o investidor contra a inflação. Sabemos que isso não é algo simétrico, mas que em prazos bem extensos essa proteção tende a ser efetiva.

Portanto, quando estipulamos o prêmio sobre o risco de um determinado FII, usando como comparativo um título público de renda fixa, consideramos esse título em sua totalidade, pois o título público do tipo "IPCA+" já possui o componente da inflação, ou seja, IPCA (inflação) mais o cupom.

Por exemplo: temos um título público definido como "NTN-B IPCA + 2,5%". O raciocínio a ser adotado para o *Valuation* do FII será "NTN-B IPCA + 2,5% + (2% a 3%)", onde o intervalo da porcentagem entre parênteses equivale ao "prêmio de risco" do FII em questão.

Ou seja, este procedimento visa adotar uma margem de seguran-ça adicional para o FII, em comparação com a margem prometi-da pelo título público.

Em tempo: não avaliamos a questão tributária neste caso, essen-cialmente porque o título público é tributado e o FII não é, até o momento da publicação deste livro. Porém, ao vender um FII, há tributação em caso de lucro. Portanto, considerando o bom sen-so, uma coisa anula a outra.

# X – COMPOSIÇÃO DE CARTEIRA

## 73) Quantos fundos imobiliários devo ter na minha carteira? E a partir de quantos fundos podemos considerar que a carteira está pulverizada?

Diversificação é importante para reduzir os riscos do investidor. Não há regra quanto ao número de ativos, mas estudos já demonstraram que entre 10 e 15 ativos é um bom balanço entre rendimento e mitigação de riscos.

Neste intervalo, podemos dizer que uma carteira de investimentos em FIIs está bem diversificada. Mesmo considerando uma margem de tolerância, acima de 25 ativos teríamos um princípio de pulverização, uma vez que é difícil para um investidor, na condição de pessoa física, acompanhar o desempenho de tantos fundos para gerir corretamente seu portfólio.

Vale lembrar que a diversificação da carteira será mais efetiva se for adotado o critério da distribuição dos fundos por tipos diferentes, como fundos de tijolos, fundos de papéis e fundos de desenvolvimento.

Dentro dos fundos de tijolos, por exemplo, a diversificação pode ocorrer por aportes em diferentes tipos de imóveis: *shoppings*, galpões de logística, lajes de escritórios e assim por diante.

Lembrando que aqueles que fazem aportes em FOFs – fundos de fundos – indiretamente são beneficiados pela diversificação dos investimentos, por meio das escolhas de seus respectivos gestores.

É importante que o investidor tenha tempo de acompanhar periodicamente os seus fundos, de preferência a cada seis meses, mesmo que seja necessária a prática da gestão ativa, com a eventual troca de FIIs na carteira.

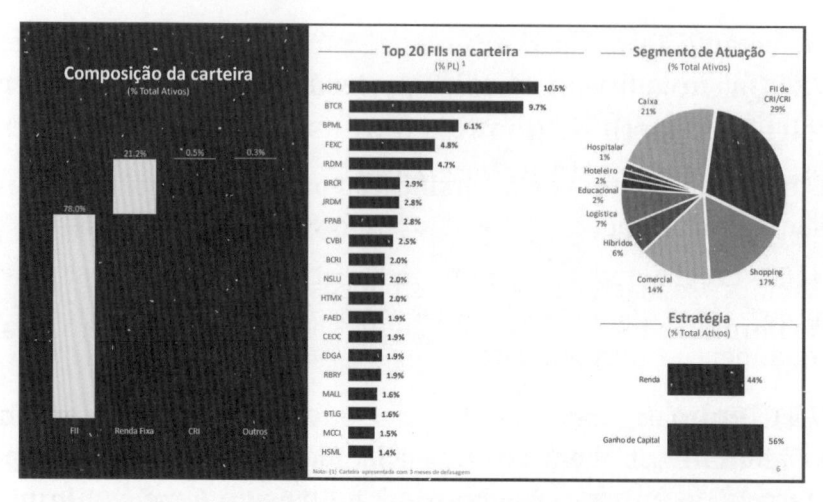

Reprodução da página 6 do Relatório Gerencial do FOF BCFF11, publicado em 18/06/2020 com dados do período coberto até 31/05/2020. A arte mostra a composição da carteira do fundo, suas 20 principais posições, divididas por segmento de atuação, refletindo a estratégia dos gestores com predominância para os ganhos de capital (fonte: https://fnet.bmfbovespa.com.br/fnet/publico/exibirDocumento?id=101825&flnk – *link* acessado em 19/06/2020).

## 74) Considerando que temos os seguintes setores de FIIs: agências bancárias, educacionais, hospitais, hotéis, lajes corporativas, galpões logísticos, residências e *shopping centers*; entendo que uma boa diversificação deve contemplar todos eles. Porém, se este número ultrapassar 20 ativos na carteira do investidor, faz sentido?

Existem duas questões fundamentais sobre diversificação em FIIs:

I – Matemática.

II – Conforto pessoal.

Muitas vezes, o pessoal considera apenas matemática e acaba chegando a 10 a 15 fundos. Nada contra.

No entanto, talvez ficar de fora de alguns setores, ou mesmo excluir fundos que você acredita que tenham perenidade, pode ser também um grande erro.

O melhor algoritmo de diversificação passa pelo teste do travesseiro. Veja as opções que te dão conforto e siga em frente.

Monte a sua macrocarteira e aos poucos vá aplicando e reaplicando filtros. Deste modo, naturalmente, chegará a um número ideal.

## 75) Tenho alguns fundos em carteira que estão com lucros maiores e outros menores, em termos de ganho de capital sobre o preço médio. Preciso vender alguns. Quais devo vender: os de maiores lucros ou os de menores lucros e por quê?

Você deve analisar os fundamentos de cada fundo e vender aqueles que não estão adequados, com uma boa relação entre risco e retorno.

Tente pensar em termos de longo prazo e analisar os ativos que estão com melhores perspectivas de entregar rendimentos mais sustentáveis. Portanto, não avalie apenas o lucro já obtido na hora de vender um ativo: considere também as projeções de rendimentos futuros.

Por exemplo, se o seu *Yield On Cost* em determinado FII continua batendo a inflação, entregando um bom prêmio adicional, mas o preço da cota subiu consideravelmente, pense nisso como um aumento de margem de segurança. Você simplesmente pode deixar de fazer aportes neste FII para não prejudicar seu *Dividend Yield* particular.

Por outro lado, se o *Yield On Cost* não estiver atrativo, mas a cota lhe proporciona um ganho de capital razoável, é de bom senso considerar uma saída de posição no ativo.

Nossa experiência aponta que alguns fundos supostamente caros, via de regra, fazem novas emissões. Portanto, manter a posição pode te permitir acessar a oferta via direitos de preferência, com margem de segurança ou mesmo a prática da arbitragem.

## 76) Quando todos os fundos imobiliários estão caros, o que comprar?

Possivelmente, esta é uma das perguntas mais frequentes que as pessoas nos fazem, em especial quando estamos em um flagrante movimento de altas generalizadas nas cotações.

Em momentos de euforia, muitos investidores perdem a referência no mercado e se sentem incomodados com a possibilidade de estarem pagando caro por algum ativo.

Em primeiro lugar, vale ressaltar que, ao longo dos anos, presenciamos momentos semelhantes por diversas vezes. No entanto, aqui vai uma boa notícia: sempre haverá possibilidade para aportes mensais, seja no mercado secundário, através do *home broker*, ou via subscrição, com novas emissões de cotas.

Se você tiver uma carteira minimamente diversificada, isto é, entre 10 e 15 fundos imobiliários, é provável que algum fundo não tenha se valorizado excessivamente – sem margem de segurança – ou que esteja passando por um processo de nova emissão.

Na prática, você terá o direito de preferência para acessar estas cotas a um preço abaixo do mercado, ou seja, com desconto em relação à cotação diária.

O investidor de fundo imobiliário deve sempre estar atento ao mercado primário (emissões) e secundário (*home broker*). Procure realizar aportes onde você acredita que estejam as melhores opções.

Em um caso extremo, se você não tiver uma opção para investir dentro do mês, aguarde. Tenha calma e deixe seu capital aplicado em caixa com liquidez imediata. Certamente haverá na sequência alguma oportunidade ajustada à sua margem de segurança no curto prazo.

Vale uma reflexão adicional: vemos investidores vendendo posições apenas pelo fato de, na visão deles, estarem caras. Atenção: gestão ativa de portfólio é importante, mas exige experiência e um alto grau de discernimento – ao girar a carteira, o investidor poderá, mesmo que involuntariamente, maximizar o risco geral implícito de suas posições.

Vale destacar um ponto relevante: na pressa de realizar algum aporte dentro do mês, o investidor começa a ampliar, excessivamente, a quantidade de fundos na carteira. Nada contra, mas atenção: já vimos investidores com cerca de 50 ativos em carteira – em algum momento, a gestão do seu portfólio pode se tornar ineficiente.

Nunca se esqueça da diferença entre diversificar e pulverizar. Seja seletivo – você está montando uma "seleção de craques". Faça escolhas dentro das opções que você avalia como as melhores.

O investidor de longo prazo deve saber controlar a ansiedade. Não confunda pressa com afobação.

No mais, deixe os juros compostos fazerem seu trabalho. Sua melhor ferramenta é o tempo.

**77) Tenho 21 anos e meu foco é construção de patrimônio com uma carteira previdenciária para geração de renda. Tenho ações e FIIs e, quanto mais estudo, mais tenho vontade de aumentar a concentração em FIIs, devido às qualidades deste produto. O que seria melhor: uma carteira composta apenas por fundos imobiliários ou uma carteira equilibrada com ações?**

O correto é equilibrar entre as classes de ativos.

Alguns investidores podem manter carteiras com 100% de FIIs, em função da experiência e da segurança em relação ao produto. Porém, isso não é algo que se transfere de uma pessoa para outra. É uma conquista pessoal.

É no andar da bicicleta que se encontra o equilíbrio. Você é jovem e irá encontrar seu perfil. O perfil é feito com base no conhecimento, e não simplesmente respondendo a um questionário.

# XI – EMISSÕES & SUBSCRIÇÕES

## 78) Por que os FIIs fazem novas emissões?

Por lei, os FIIs são obrigados a distribuir, no mínimo, 95% do lucro semestral obtido com a sua atividade.

Dessa forma, é difícil acumular caixa adicional no fundo para realizar novas aquisições ou investimentos desejados pelo gestor.

Por isso, nessas ocasiões, é necessário realizar um aumento de capital, para que o fundo possa receber uma injeção de recursos, a fim de expandir suas atividades em busca de novos ativos para o portfólio.

## 79) O que é o número "12" que aparece na frente dos códigos dos meus fundos em custódia?

Quando você é cotista de um FII que está fazendo nova emissão (*follow-on*), você recebe os direitos de preferência. Estes direitos são seguidos pelo número "12" no *ticker* do fundo.

Vale lembrar que é um direito e não um dever. Temos visto muitos cotistas ansiosos querendo exercer sempre todos os direitos, de todos os fundos. Nada contra. Mas não é obrigatório.

Vale ponderar que, em alguns casos, os direitos são negociados, ou seja, você poderá vender ou comprar mais, considerando seu apetite em participar da oferta.

## 80) A operação para fazer uma subscrição é no próprio *home broker*?

Não, você deve ir até a página de ofertas públicas no *website* da sua corretora ou entrar em contato para informar seu interesse na subscrição.

Cada corretora tem seu procedimento próprio, inclusive pesando a disponibilidade dos recursos quando a reserva é realizada.

## 81) A partir do momento em que exercer meu direito de subscrição, já preciso ter o dinheiro na conta da corretora?

Via de regra, o dinheiro será debitado na data de liquidação. Porém, cada corretora trabalha de um modo diferente, podendo exigir suas garantias de forma antecipada.

Portanto, entre sempre em contato com sua corretora e fique por dentro do procedimento.

Não opere no limite das condições e evite ficar em débito com a corretora.

## 82) Por que a cotação do FII cai quando o fundo fica "ex-direitos" de subscrição?

O preço de abertura do dia seguinte é calculado pela média ponderada entre a quantidade atual de cotas multiplicada pelo preço de fechamento de mercado com a "nova" quantidade de cotas (após a oferta) multiplicada pelo preço da emissão.

Quanto maiores o volume da oferta e a distância (*spread*) entre os preços de mercado e a emissão, maior será a correção no dia seguinte ao anúncio da data "ex-direitos".

## 83) Por que a cotação do FII cai após as cotas da subscrição serem integralizadas?

Alguns investidores realizam uma *flipagem* no momento da integralização das cotas.

Isso ocorre quando eles decidem se desfazer das cotas recém-adquiridas logo após recebê-las.

Um dos motivos é o fato de que, geralmente, as cotas adquiridas em uma emissão possuem algum desconto em relação ao mercado, o que pode oferecer uma oportunidade de lucro rápido para quem se utiliza da *flipagem*.

Para o investidor com foco no longo prazo, não há motivos para se desesperar, pois a volatilidade costuma se normalizar em pouco tempo.

## 84) Sobre uma nova emissão de cotas de FIIs, posso solicitar a compra de um valor acima da porcentagem do exercício de direito de preferência?

Não, durante o período de preferência você solicita, no máximo, o que tem direito.

Você pode solicitar mais cotas em caso de sobras, lembrando que estará sujeito a um rateio, caso a quantidade demandada seja muito superior à ofertada.

## 85) Depois que exerci uma subscrição, o dinheiro saiu da minha conta na corretora e ainda não recebi as cotas. O que está acontecendo?

Depois que o débito ocorrer, você passará a ter os recibos de subscrição, só que agora com o número "13" após o *ticker* do FII.

Você receberá a renda *pro rata* do resultado do caixa aplicado até que as novas cotas sejam integralizadas e todo o conjunto de cotas receba novamente a terminação "11" no *ticker*.

Fique calmo. Essa junção demora um pouco. Pode levar algumas semanas ou mesmo alguns meses até o pleno encerramento oficial da oferta.

Esse procedimento depende da comunicação entre o administrador do FII e a B3 – Bolsa de São Paulo.

## 86) Por que eu pedi 100 cotas na oferta de um determinado fundo e só recebi 20?

Este tem sido um questionamento recorrente, justamente pelo fato de que muitas emissões têm tido enorme procura por parte dos investidores.

Nestes casos, ocorre o que chamamos de rateio, ou seja, a quantidade de cotas solicitada pelos investidores é muito superior à quantidade que está sendo ofertada.

No caso específico da pergunta acima, o rateio foi de 20%.

## 87) Qual a diferença entre as Ofertas ICVM 400 (Públicas) e ICVM 476 (Restritas)?

A Oferta ICVM 400 é "Pública", ou seja, todos podem acessar.

A Oferta 476 é "Restrita", sendo, na prática, menos burocrática e mais barata do ponto de vista da liberação do órgão regulador e de todas as documentações necessárias.

Vale ressaltar que a Oferta ICVM 476 só pode ser acessada, em caso de sobras, por investidores profissionais.

O *site* da CVM – Comissão de Valores Mobiliários – contém o arquivo das suas instruções numeradas (fonte: http://www.cvm.gov.br/legislacao/instrucoes/inst400.html – *link* acessado em 19/06/2020).

# 88) Um fundo está fazendo uma nova emissão, mas não possuo atualmente cotas dele. Gostaria de saber como participar da emissão das sobras?

Verifique se a sua corretora está credenciada para distribuição de cotas no período de sobras.

Um ponto adicional a ponderar é se essa emissão é Pública (ICVM 400) ou Restrita (ICVM 476).

O investidor, em geral, só poderá participar de Ofertas Públicas em período de sobras.

## 89) Supondo que haverá rateio das sobras de uma emissão, posso solicitar mais cotas?

O investidor pode solicitar a quantidade de cotas que quiser, desde que tenha garantias suficientes para cobrir a solicitação.

Portanto, tenha certeza de que você será capaz de cobrir 100% do pedido, ou sua solicitação poderá ser cancelada. Não sendo cancelada, pode ser pior, se for preciso pagar juros da conta da corretora em função de saldo insuficiente.

## 90) Se eu vender os meus direitos de subscrição, devo pagar imposto de renda?

Você deve ponderar que os direitos de subscrição derivam dos fundos imobiliários (ativo-objeto). Isto posto, é natural que você tenha de recolher 20% do valor total líquido da venda.

Adicionalmente, vale destacar que o valor mínimo mensal de um DARF não pode ser inferior a R$ 10,00. Ficando abaixo disso, o valor acumula para os meses posteriores.

Os DARFs podem ser emitidos e pagos diretamente no *internet banking* de seu banco de preferência – boa parte deles possui essa funcionalidade.

## 91) Basta comprar os direitos de subscrição para já ter acesso à oferta?

Não. Após comprar os direitos de subscrição, você deverá solicitar à sua corretora para exercê-los. Lembre-se de que tem um prazo específico e, se você o perder, não há nada que possa ser feito.

Vale ainda ponderar que algumas corretoras permitem que o

exercício seja feito diretamente em seu próprio *website* – é um processo simples, mas, se você nunca fez, vale confirmar no atendimento *online* da sua corretora.

Em resumo: não basta apenas comprar os direitos, pois é preciso exercê-los.

## 92) Por que algumas emissões não possuem negociação (compra ou venda) dos direitos de preferência ou não apresentam período de sobras aos investidores?

Em geral, estas são Ofertas Restritas ICVM 476, ou seja, exclusivas para investidores profissionais.

Se você é cotista, sim, você terá possibilidade de exercer seu direito de preferência normalmente. Porém, as sobras serão oferecidas aos investidores profissionais, não havendo negociação direta dos direitos.

Como complemento, o outro tipo de emissão é chamado de Oferta Pública ICVM 400. Neste caso, investidores em geral poderão acessá-las e, em boa parte das ocorrências, os direitos de preferência são negociados no mercado.

## 93) Quando um FII lança uma nova subscrição, se um investidor não participa e se deixa ser diluído, seu rendimento mensal irá diminuir?

O investidor não é obrigado a exercer os seus direitos de subscrição. Como afirmamos anteriormente, é um "direito", não um "dever".

É preciso atentar para o fato de que, caso o investidor não exerça a preferência e a emissão seja bem-sucedida, a sua participação relativa no fundo será diluída.

Para o pequeno investidor, em geral, isto não é tão relevante quanto alguns possam considerar. O mais importante é avaliar caso a caso e aderir à oferta quando julgar que seja uma boa oportunidade para alocação de novos recursos.

A possível queda da distribuição ocorrerá caso o gestor não faça uma boa alocação – e não pela diluição propriamente dita.

Geralmente, o gestor aloca os recursos recém-captados em renda fixa até conseguir alocar completamente, o que causa uma diminuição dos rendimentos no curto prazo.

O mais importante é observar a capacidade do gestor de alocar os recursos de maneira eficiente.

# XII – CONSELHOS E OPINIÕES

## 94) Qual o melhor momento para comprar FIIs? Esperar o novo ciclo de subida de NTN-B de longo prazo para começar a comprar? Ou fazer aportes mensais de acordo com os tetos dos preços das cotas dos FIIs?

Fazer *timing* carrega sempre riscos implícitos, sobre os quais temos pouco controle.

Entendemos que compras recorrentes são mais interessantes, justamente pelo fato de haver sempre boas oportunidades nos FIIs em carteira, seja em fundos de tijolos, papéis ou outros.

Muitas vezes, esperamos as correções de preços por parte do mercado para voltar a comprar, mas o mercado antecipa tudo muito rápido e podemos perder o bonde de boas oportunidades.

## 95) Até onde sei, os FIIs se beneficiam com a queda da taxa Selic. Diante de um aumento da Selic, como poderíamos nos beneficiar com os FIIs?

Em primeiro lugar, vale ressaltar que os movimentos dos FIIs são mais reativos aos juros futuros do que à taxa Selic em si mesma.

Porém, em linhas gerais, sim, é um risco a se considerar ao avaliar FIIs de tijolos quando a Selic parece estar no piso. Por isso, temos de ser cada vez mais seletivos. Mas há sempre opções: basta olhar com lupa.

Quando o Copom – Comitê de Política Monetária do Banco Central – anuncia um corte de juros na taxa Selic, percebemos um aumento de investidores em FIIs. Este é um caminho natural, quando a renda fixa perde atratividade, pois nem todos toleram as oscilações das ações na renda variável.

Por outro lado, também é natural que os investidores mais conservadores retornem para os produtos de renda fixa quando a taxa Selic é levada para cima. Porém, note que esse movimento alivia a pressão sobre as cotações dos FIIs, que passam a oferecer melhores retornos para quem se mantém firme na renda variável.

Em suma: não precisamos ter pressa. A acumulação de patrimônio em FIIs é feita tijolo a tijolo, com aportes regulares, mês após mês. Na contramão: e se a economia do Brasil atingir um patamar de maturidade e estabilidade, proporcionando que os juros permaneçam baixos indefinidamente? Já pensou nisto?

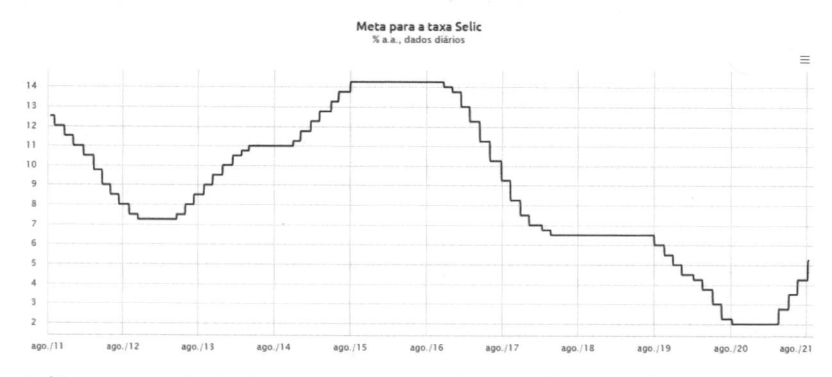

Meta para a taxa Selic
% a.a., dados diários

Gráfico com a evolução da meta para a taxa Selic, cuja mínima histórica chegou a 2% ao ano, em agosto de 2020, reforçando a migração de investidores da renda fixa para a renda variável, com muitos optando pelos aportes em FIIs, embora tenha se verificado uma tendência de nova elevação da meta nos meses posteriores (fonte: https://www.bcb. gov.br/estatisticas/grafico/graficoestatistica/metaselic – *link* acessado em 18/06/2020).

## 96) Os períodos de eleições podem trazer volatilidade para os fundos imobiliários? Devo esperar para comprar ou aproveitar alguma oportunidade de baixa?

Historicamente, eleições sempre trazem volatilidade. A depender do cenário, os juros futuros e o dólar podem subir considera-velmente, trazendo consequências para as cotações dos FIIs, que em tese podem baixar em função de incertezas sobre as decisões dos próximos governantes.

Entendemos que, nestes casos, as oportunidades para comprar cotas de FIIs com descontos aparecem. Portanto, o caminho mais adequado para o investidor comum (pessoa física) é manter seu plano de aportes, procurando direcionar recursos para os ativos que tiverem a melhor relação entre risco e retorno.

**97) Sou aposentado e uso os dividendos recebidos dos FIIs para cobrir grande parte das minhas despesas familiares recorrentes. Em que devo focar minha atenção? Tenho cerca de R$ 1,2 milhão, que me rendem ao mês algo como R$ 7.500. Minha carteira está dividida entre fundos de tijolos, FOFs, fundos de desenvolvimento e fundos de papéis. Qual deve ser minha atenção em relação ao patrimônio e renda futura?**

Antes de responder, registramos os parabéns pela conquista! Você é um exemplo de que é possível planejar a aposentadoria a partir do investimento recorrente em fundos imobiliários.

O mais importante é observar se o seu patrimônio está sendo protegido pela inflação, visto que usa os rendimentos mensais para despesas pessoais. É um ponto de atenção que temos cada vez mais pontuado aos investidores em geral.

Aproveite as declarações anuais de Imposto de Renda para verificar seu preço médio em cada FII, bem como seu *Yield On Cost* neles, que é seu *Dividend Yield* particular em cada alocação na carteira.

Compare os resultados com suas expectativas em relação ao mercado atual. Se houver opções melhores em curso, considere fazer a gestão ativa do seu portfólio, remanejando as posições necessárias.

Em relação à renda futura: talvez seja necessário fazer ajustes pontuais, procurando se esquivar de fundos com dificuldades em apresentar crescimento na distribuição mensal de rendimentos.

**98) Cada vez mais pessoas investem em FIIs. Os fundos imobiliários vão continuar uma boa fonte de renda e um bom modo de construir patrimônio, mesmo com muito mais gente investindo na área?**

É justamente o contrário. Se tivermos mais FIIs, a indústria toda se desenvolverá cada vez mais. É um ciclo virtuoso.

**99) Atualmente, a base de investidores de FIIs é composta em sua maioria por pessoas físicas. Mas aos poucos vemos ingresso de agentes institucionais neste segmento do mercado. A entrada destes *players*, em tese mais sofisticados, é algo bom ou ruim a longo prazo? Será que a indústria de FIIs deveria ter como foco somente os investidores pessoas físicas?**

Ter investidor mais qualificado é excelente, mas podemos ter outro patamar de negociação de preços, resultando num *Dividend Yield* mais comprimido em diversos ativos.

Entendemos que o mercado de FIIs deve se desenvolver cada vez mais, trazendo novas oportunidades justamente para mitigar esse risco.

**100) Será que os rendimentos dos fundos imobiliários podem ser comprimidos cada vez mais no futuro? Haja vista o possível ingresso de investidores de elevado patrimônio líquido, que costumam segurar as cotas, fazendo crescer a demanda por FIIs de forma mais rápida do que o potencial imobiliário no país pode suprir.**

Concordamos 100% com você. Se o mercado de FIIs não se expandir e os investidores institucionais, como fundos de investimentos nacionais e estrangeiros, ingressarem com força nos ativos já existentes, podemos ter, sim, uma diminuição sensível no *Dividend Yield* para investidores de pequeno porte, que operam na Bolsa com CPF.

Com a redução da taxa Selic e a perda de atratividade da renda fixa, essa é uma possibilidade em aberto, pois o regulamento de vários fundos de investimentos não permite exposição excessiva às ações das empresas de capital aberto, mas os fundos imobiliários seriam uma alternativa para atender ao perfil mais conservador de certas entidades responsáveis, inclusive, pela previdência privada de milhões de trabalhadores.

Por isso, incentivamos o desenvolvimento do mercado de FIIs, cada vez mais. Temos de ter mais opções para não correr o risco que você comentou, que, aliás, foi muito bem pontuado.

Temos procurado, sempre que possível, levar o conceito de FIIs para empresários que poderiam usá-los como forma de viabilizar e desenvolver suas operações. Expor a dinâmica de FIIs para o mercado em geral pode ser útil para destravar alguns desses negócios.

O número crescente de investidores em FIIs, na condição de pessoas físicas, e a grande quantidade de novas emissões de cotas, verificada especialmente durante 2019, são indicativos de que o mercado está crescendo neste sentido, o que será bom para todas as partes.

## 101) O que a indústria de FIIs tem de fazer para crescer mais ainda?

É um esforço coletivo. Provavelmente, muitos donos de imóveis não sabem que podem integralizá-los em FIIs. E muitos grandes investidores também não sabem que podem investir através de produtos muito mais bem estruturados.

Por isso, procuramos divulgar cada vez mais sobre os FIIs Brasil afora. Viajamos literalmente de Porto Alegre a Manaus falando sobre tudo o que aprendemos até hoje.

Cada um deve fazer sua parte. O simples fato de falar sobre os FIIs com amigos já é um grande passo.

# POSFÁCIO

*Jean Tosetto*

## Por uma estratégia perene de investimentos

Um livro é diferente de um artigo de jornal ou revista. Um livro é pensado para ser o mais atemporal possível, ao passo que as reportagens jornalísticas cobrem cada instante como parte do princípio da imprensa.

Esta é uma obra sobre fundos imobiliários e se encaixa na definição de um registro que deseja ser atemporal. Porém, não tem como deixar de registrar o momento histórico vivido pelos fundos imobiliários no Brasil, no período em que este livro foi escrito.

Este livro começou a ser revisado em março de 2020, no olho do furacão de uma crise econômica internacional causada por uma mutação do Coronavírus, que a partir do interior da China se difundiu por todos os continentes, provocando quarentenas e interrupções de várias atividades.

As Bolsas ao redor do mundo sofreram intensamente, acionando o mecanismo do *Circuit Breaker* de modo recorrente para conter as quedas excessivas nos preços das ações.

## Volatilidade rearranja o mercado

O IBOV – índice de ações da Bolsa de São Paulo – caiu de 118 mil pontos em 02 de janeiro de 2020 para 66 mil pontos em 18 de março do mesmo ano – uma queda de aproximadamente 44%.

No mesmo período, o IFIX (índice dos fundos imobiliários da B3) caiu de 3,2 mil pontos para 2,1 mil pontos – uma queda menor: cerca de 33%.

Essa diferença de mais de 10% nas quedas entre os índices de ações e FIIs esconde um fator importante: enquanto muitos investidores de ações consideram a valorização delas para auferir lucros, os investidores de fundos imobiliários focam mais na obtenção de renda passiva regular – esta, mesmo numa crise prolongada, tende a cair menos, proporcionando a manutenção do fluxo de caixa para compra de novas cotas de FIIs com preços mais acessíveis.

Outro ponto crucial é que a maioria dos investidores tem memória curta: tendem a acreditar que crises vão se prolongar para sempre ou que bonanças são intermináveis.

O gráfico da evolução do IFIX entre 06/09/12 e 16/06/2020 deixa evidente que, no longo prazo, segmentos de euforia e angústia são passageiros (fonte: https://www.google.com/search?q=ifix – *link* acessado em 17/06/2020).

Se retrocedermos apenas um trimestre em relação ao mês de

março de 2020, veremos que o cenário econômico global era completamente diferente: várias Bolsas importantes estavam subindo sem parar, inclusive a do Brasil.

2019 foi um ano muito promissor para os investidores brasileiros. Enquanto o IBOV valorizou cerca de 31%, o IFIX subiu impressionantes 35%, como efeito da redução da taxa Selic, que levou muitos investidores da renda fixa para a renda variável, usando os FIIs como porta de entrada.

A valorização dos FIIs foi tão acentuada que as oportunidades de compras de ativos com bons fundamentos e renda passiva atrativa foram escasseando, a ponto de caberem nos dedos de uma mão.

Então, se a crise do Coronavírus teve algum fator positivo (de um ponto de vista restrito ao mercado de capitais, posto que para o fator humanístico isso é irrelevante), foi o de trazer vários FIIs, que estavam com os preços esticados, de volta para um patamar bem mais acessível de compra.

No turbilhão de informações desencontradas a respeito dos sintomas da doença do Coronavírus – na saúde das pessoas e na saúde da economia –, não temos como ser categóricos sobre o "fundo do poço" das cotações dos principais ativos negociados nas Bolsas, assim como não tínhamos como prever o pico dos preços gerais no fim de 2019.

## Percorrendo montanhas e vales

Tentar adivinhar topos e fundos de mercados é tarefa de especuladores, não de investidores. Aqui chegamos ao cerne da questão: existe uma estratégia que investidores de longo prazo possam seguir tanto nos ciclos de baixa como nos ciclos de alta das Bolsas?

Isso depende do perfil do investidor. Como se trata de um livro sobre fundos imobiliários, vamos adotar a premissa de que o perfil do investidor de fundos imobiliários se encaixa com a visão de longo prazo, mas o deixa em um espectro mais defensivo e conservador no ambiente da renda variável – uma vez que ser investidor em renda variável já faz de qualquer sujeito uma pessoa arrojada, ao menos aos olhos dos gerentes bancários.

Também vamos considerar que o investidor de fundos imobiliários, com postura conservadora dentro da renda variável voltada para o longo prazo, ainda depende da renda oriunda de um ofício ou de aluguéis de imóveis convencionais.

## Trabalhar é um verbo embutido no ato de investir

Neste ponto, cabe fazer um alerta: cuide bem de sua principal fonte de renda. Se você é empregado, procure ser um funcionário cada vez melhor. Se você toca um negócio, não tire o foco dele para ficar pensando em investimentos o tempo todo. Se você cuida da manutenção de imóveis alugados, siga aprimorando seus preciosos ativos palpáveis.

Muito provavelmente, por longos anos, sua principal fonte de renda ainda virá de alguma atividade não relacionada ao mercado financeiro, a não ser que você efetivamente trabalhe neste ambiente.

Isso faz parte de uma estratégia perene de investimentos? Claro que sim. Aprimorar-se na sua atividade original é um aspecto elementar para você aumentar seus rendimentos primários, pois, ao poupar parte deles, você poderá fazer aportes cada vez mais robustos em fundos imobiliários.

Qual a porcentagem ideal a ser poupada? Não há consenso. O mínimo razoável seria 10%, mas pode ser mais, desde que outras áreas de seu núcleo familiar não sejam afetadas, como as contas de serviços essenciais, alimentação e higiene, despesas com educação, seguro-saúde, turismo, cultura e lazer –, pois a vida não espera.

## Rendimentos primários e secundários

Com o tempo, você somará a poupança mensal de seus rendimentos primários com os rendimentos secundários, que são os proventos oriundos das cotas dos fundos imobiliários que você compra regularmente. Em se confirmando o aumento de suas rendas primárias e secundárias, a tendência é que seus aportes mensais cresçam progressivamente.

Esse é um processo lento? Sim, é lento. Não estamos aqui para escrever apenas o que você, em tese, gostaria de ler, mas o que consideramos importante que você deva ler.

Além do mais, certamente você já leu e ouviu isso várias vezes: que você precisa de uma reserva de emergência. Vale a pena ler de novo: você precisa de uma reserva de emergência.

## Precaução para imprevistos

Essa reserva deve ser equivalente a pelo menos seis meses das suas despesas pessoais e das despesas daqueles que dependem diretamente de você. Não são seis meses de salários ou lucros, mas são seis meses de despesas. Quer ficar mais tranquilo? Dobre este prazo. A crise do Coronavírus está com cheiro de verniz em nossas mentes para ajudar neste argumento.

Onde deixar a reserva de emergência? Numa aplicação segura e altamente líquida, que possa ser resgatada imediatamente em caso de necessidade. Pouco importa a rentabilidade dessa aplicação, pois não se trata de dinheiro para investimento, mas para emergências, como já enfatizamos. Caderneta de Poupança, Tesouro Selic, CDBs e Fundos DI com baixas taxas de administração são as opções mais usuais.

Não se pode confundir reserva de emergência com reserva de oportunidade. A segunda é composta por parte dos investidores para ser usada quando ocorre uma queda repentina nos mercados, que pode deixar ótimos ativos com preços descontados.

## Não desafie a sorte

Quando um evento como a crise do Coronavírus ocorre, investidores tomados pelo sentimento de ganância ficam tentados a usar a reserva de emergência para continuar comprando as barganhas da Bolsa, após esgotarem os recursos da reserva de oportunidades.

Então a crise se prolonga e o sujeito se desespera ao notar que precisa daquele dinheiro da retranca que foi colocado no mercado. Ato contínuo: ele vende parte de sua carteira com os preços lá embaixo para alguém que foi mais prudente.

Aqui reside um aspecto que vale para qualquer cenário econômico: nunca se coloca na Bolsa um dinheiro que pode ser necessário no curto e médio prazo. Nunca. Capital alocado em Bolsa é somente o capital destinado ao longo prazo. Quanto tempo é longo prazo? No mínimo cinco anos.

## Principais pontos de análises de FIIs

O longo prazo também precisa ser considerado na análise de um fundo imobiliário: seus contratos são de curta ou longa duração? Seu histórico de distribuição de rendimentos é sólido? Seus empreendimentos são resilientes? Seus gestores se movimentam para manter o portfólio do FII atualizado?

Estas são perguntas que um investidor deve fazer – e obter as respostas – antes de um aporte. Além do mais, devemos considerar aspectos fundamentais que abarcam todos os fundos imobiliários, dentre os quais destacamos:

- **Liquidez**: se a grande vantagem de investir em FIIs é poder vender suas cotas parcialmente quando necessário (o que não ocorre com imóveis físicos tradicionais), será que vale a pena fazer aportes em ativos com baixa liquidez? Logo, FIIs que fazem parte do IFIX são os mais recomendados.

- **Vacância**: quanto menos, melhor. No caso dos fundos de tijolos, a vacância é mais fácil de identificar. Para os fundos de papéis, a vacância equivale aos eventuais calotes relacionados aos Certificados de Recebíveis Imobiliários, principalmente.

- **Relação entre preço da cota e valor patrimonial da cota**: quanto mais esta relação se aproximar de 1, tanto melhor. Relações muito abaixo de 1 indicam riscos maiores e muito acima de 1 indicam que o FII pode estar caro.

- *Dividend Yield*: o fundo imobiliário em tela gera proventos anuais superiores aos índices de inflação? Ele paga um prêmio adicional? De qual porcentagem? Não se deve priorizar apenas este aspecto e esquecer dos demais. Dividendos muitos elevados e crescentes podem esconder armadilhas, como fundos a caminho da insolvência.

Este livro tratou de várias questões a respeito de como analisar um FII. Não cabe neste posfácio reprisar todos os aspectos, mas vale reforçar que a escolha de um ativo deve ser feita com a maior diligência possível.

A "Lupa de FIIs" do *site* fiis.com.br é uma excelente ferramenta para filtrar ativos do interesse do investidor, conforme este alimente o sistema com seus parâmetros preferidos e que podem ser aprimorados com a experiência (fonte: https://fiis.com.br/lupa-de-fiis/ – *link* acessado em 19/06/2020).

## A maratona requer constância, mais do que velocidade

Em linhas gerais, devemos fazer aportes mensais e recorrentes em ativos financeiros geradores de renda passiva, que julgamos serem as melhores oportunidades da ocasião. De preferência, concentrando os recursos em um ou dois FIIs de cada vez.

## Cestas e gavetas diferentes

Não podemos nos esquecer, porém, da diversificação. No começo da jornada de um investidor, haverá concentração natural em poucos ativos, pois não se deve comprar um ativo que seja apenas mediano, em função da diversificação imediata da carteira. Com o tempo, as oportunidades variam e isso resulta numa diversificação maior do portfólio.

É preciso atentar, porém, para o correto balanceamento da carteira, que deve ser distribuída entre os diversos tipos de fundos.

A depender do perfil do investidor, as ações das empresas também podem compor o portfólio de longo prazo, sempre evitando a concentração de ativos de um mesmo setor.

O mercado de capitais é um mercado de risco. Ponto. Então, a diversificação é essencial para um investidor de caráter defensivo. Numa carteira com dez a vinte ativos, pode ser que dois ou três azedem no futuro. Se isso acontecer, não se culpe: recolha o capital aportado e realoque em outros ativos. Porém, dentre os sobreviventes, dois ou três podem performar acima da média, fazendo valer todo o esforço de poupança dos recursos, de estudos sistemáticos e de acompanhamento dos ativos.

Se, em determinado mês, o investidor constatar que todos os ativos da prateleira da Bolsa de Valores estão caros demais, então os recursos poupados e recebidos podem migrar para a reserva de oportunidades. Cedo ou tarde, as oportunidades de bons aportes surgem no mercado.

## Moderação nos aportes

Por vezes, a reserva de oportunidade está bem abastecida, o investidor vendeu algum bem, recebeu alguma herança ou, ainda, uma indenização. Nestes casos, surge a tentação de realizar um grande aporte, bem superior aos aportes feitos mensalmente.

Esse é o tipo de tentação à qual devemos resistir. A gente nunca sabe o dia de amanhã. Não sabemos para onde o mercado vai. Não temos como saber quando ele atingirá topos de montanhas ou fundos de vales. Portanto, o bom senso clama para fazermos aportes moderados, aos poucos. Numa crise, o mercado sempre pode cair mais e, na euforia, nunca sabemos quando ele vai desabar subitamente, após atingir um pico.

Vale reforçar: é muito difícil fazer *timing* com fundos imobiliários. Operar com um conta-gotas em mãos, ao invés de uma metralhadora, funciona melhor no longo prazo, quando o mercado tende a ficar positivo de modo lento e gradual. Também é dessa forma que o patrimônio de quem investe em FIIs aumenta.

Isso parece pouco emocionante? É para ser.

## Tédio maior que a emoção

Há um indicador fundamentalista que nenhum portal da Internet divulga, posto que varia de investidor para investidor, sendo impossível expressá-lo numericamente. Este indicador mede a relação entre tédio (T) e emoção (E). Quanto maior for a razão T/E, melhor. Os múltiplos do tédio sobre a emoção protegem o bolso do investidor e dão resultados positivos lá na frente.

Ao contrário, quanto mais a taxa da emoção sobe, menor fica a capacidade de tomar uma decisão racional. Em surtos de emoções eufóricas, as pessoas ignoram os riscos. Na outra ponta, ondas de emoções aflitivas deixam os sujeitos em estado de alerta, prontos para fugir, e não para pensar friamente.

Investidores dominados pelas emoções giram suas carteiras sem parar, feito suicidas que praticam roleta russa. Já os abençoados pelo tédio fazem boas compras de ativos e as abraçam por tempo indeterminado, casando o *Value Investing* com o *Buy and Hold*.

Controle suas emoções. Isso também faz parte de uma estratégia perene de investimentos. Deixe as emoções para demonstrações de afeto com seus amigos e familiares, para seus esportes favoritos e para expressões artísticas e culturais. Alimente o tédio, assumindo o compromisso de não se desviar de sua estratégia de acumulação de patrimônio e renda no longo prazo. Suas chances de vencer no mercado de fundos imobiliários serão bem maiores.

# O desempenho dos FIIs no contexto da crise do Coronavírus

Em março de 2020, as Bolsas de Valores ao redor dos continentes acusaram o golpe da maior crise sanitária global desde a eclosão da Gripe Espanhola nos estertores da Primeira Guerra Mundial, em 1918, com reflexos sentidos até 1920, vitimando milhões de habitantes em vários países.

A paralisação da economia real em função da quarentena imposta pelo combate à pandemia do Coronavírus – com a interrupção em cadeia de postos de trabalho *in loco* da indústria, do comércio e da prestação de serviços – foi um dos fatores que alimentaram os sucessivos *Circuit Breakers* nos mercados financeiros. A Bolsa de São Paulo não ficou alheia ao processo, e muito menos os fundos imobiliários.

Para tentar compreender esse momento inédito para a nossa geração de investidores de FIIs, o Professor Baroni, recolhido ao seu apartamento em Goiânia, deu início, ainda debaixo dos primeiros impactos do estouro da crise da Covid-19, a uma maratona de entrevistas em seu canal do YouTube, com especialistas do segmento e grande parte dos gestores dos principais FIIs.

Foram dezenas de *lives,* que já se converteram em registros históricos de uma época e que podem ser apreciadas pelo *link* a seguir:

https://www.youtube.com/professorbaroni

As análises e informações a seguir foram elaboradas durante a pandemia de Covid-19, a partir de março de 2020. No momento em que este livro foi lançado, elas continuavam válidas, mas sabemos que, com o tempo, poderão, pelo menos em parte, deixar de fazer sentido. Elas valem, no entanto, como registro histórico de uma crise de grandes proporções, além de trazerem ensinamentos e proporcionarem reflexões que são perenes.

## Gestores diante da crise

O primeiro ponto a ressaltar nessa série de conversas virtuais é a postura dos gestores de fundos imobiliários diante da crise gerada pela pandemia de Covid-19. Em linhas gerais, eles evitaram ser conclusivos em suas explanações, uma vez que o mercado ficou flagrantemente disfuncional durante algumas semanas. Portanto, evitaram tecer projeções ou cravar cenários futuros. Todavia, eles se colocaram de modo transparente ao apresentar o *status quo* de suas operações, demonstrando aos cotistas que permaneceram atuantes diante das variáveis que se revelavam a cada dia. Uma simples frase ganhou destaque:

– *Nesta crise, um dia de cada vez.*

Os gestores não se esconderam diante do fogo cruzado, participando ativamente de *lives* em diversos canais, abrindo os dados não apenas para os cotistas de seus fundos, mas para o mercado em geral. Fato comprovado pela emissão de relatórios cada vez mais completos e detalhados.

Tal comportamento foi importante para o cotista não se sentir sozinho e desamparado num momento tão adverso. O investidor ficou sabendo, por exemplo, que muitos gestores investem nos FIIs sob suas responsabilidades, ou seja, colocam a pele em jogo – um atributo que agrada a quem confia seu capital a terceiros.

As crises revelam quem são os bons gestores de FIIs, bem como quem são os melhores incorporadores do mercado imobiliário.

Diante de um cenário inédito – mesmo para administradores, gestores e consultores mais experientes –, todos os agentes se viram numa situação de juntar as peças de um quebra-cabeça, razão pela qual, entre otimistas e pessimistas, todos se mostraram cautelosos sobre a recessão vindoura.

Independente do porte do FII – de ser proprietário de um ou vários ativos, de ter um ou vários inquilinos, de ter um ou vários tomadores de créditos via CRIs –, seus gestores deixaram claro o monitoramento constante de todas as operações, com vistas a evitar inadimplências e dar abertura para renegociações caso a caso, conforme veremos mais adiante.

As palavras de ordem na crise foram: monitoramento e empatia. Na prática, o recado que foi dado aos gestores de FIIs: estejam próximos de seus locatários (ou devedores) e busquem alternativas amigáveis.

## Primeiros impactos

Ao contrário da maioria das crises anteriores vividas por esta geração, ocasionadas por questões políticas, econômicas ou financeiras – muitas delas sentidas apenas pelos agentes do mercado financeiro, mas de pouco ou nenhum impacto no cotidiano de vários países –, a crise da Covid-19 teve origem numa questão de saúde pública, que tumultuou primeiro a rotina de milhões de habitantes do planeta, para então contaminar os mercados de capitais.

Trata-se de uma crise que abalou algumas convenções da sociedade, turvando a visão dos analistas do mercado no curto e médio prazo, diante das variáveis que foram se impondo a cada dia.

A paralisação de grande parte das atividades, inicialmente com exceção daquelas consideradas essenciais para a manutenção da vida humana e do funcionamento das cidades, tinha como objetivo evitar aglomerações de pessoas e, consequentemente, o potencial de contágio entre elas. Essas medidas, mais ou menos rígidas conforme o avanço da doença em diversas regiões, geraram drásticas consequências ao patrimônio de empresas e cidadãos.

Poucas empresas e pessoas – e mesmo as elites governantes – estavam preparadas para enfrentar uma quarentena sem previsão de término. Incontáveis empresas ficaram sem capital de giro para suportar a interrupção abrupta do consumo, ocasionando o aumento em massa das taxas de desemprego em diversos países, alimentando um ciclo vicioso, no qual a pessoa física sem fonte de renda deixou de consumir nos comércios locais, que deixaram de honrar compromissos com seus fornecedores, que, por sua vez, deixaram de fazer encomendas aos produtores primários.

Como o PIB (Produto Interno Bruto) dos países é baseado justamente no fluxo constante do capital circulando entre produtores e consumidores de bens e serviços, a sua interrupção jogou as projeções dos resultados anuais para valores severamente negativos.

Este cenário foi particularmente lamentado no Brasil, que estava se recuperando pouco a pouco de uma grave recessão iniciada no final de 2013. Após a fase aguda da crise política e econômica de 2016, o ano de 2020 vinha apresentando sinais positivos nos setores da indústria e do comércio, além da prestação de serviços, demonstrado pelo aumento da produção de papelão ondulado – um indicativo confiável de retomada da economia, que acabou sendo interrompida.

Logicamente, quase todos os FIIs foram impactados. É uma crise na qual não há imunidade – não é um jogo de quem ganha e quem perde. É um jogo de quem perde muito e quem perde pouco. A pandemia de Covid-19 evidenciou um risco sistêmico de quebras no mercado financeiro, trazendo consigo a redução, quase imediata, da renda passiva para investidores, além da forte volatidade das cotações no mercado secundário.

Apenas em março de 2020, por exemplo, os preços dos FIIs mais negociados voltaram para o patamar de outubro de 2019, antes da alta exacerbada verificada no último bimestre daquele ano.

## O mercado de FIIs perdeu o referencial

As primeiras semanas da quarentena forçada para conter o avanço do Coronavírus deixaram o mercado financeiro sem para-brisa, pois muitas referências de valores para analisar ativos se perderam. *"O* Valuation *foi para o espaço"* – foi uma das frases mais ouvidas nas conversas entre os especialistas.

No caso dos fundos imobiliários, o preço das cotas caiu fortemente, em teoria trazendo a relação entre preço e valor patrimonial (P/VP) das cotas de diversos FIIs para bem abaixo de 1. Porém, os analistas começaram a questionar o valor patrimonial, em si mesmo, de cada fundo.

Em uma crise aguda e profunda, a referência entre preço e valor fica comprometida. A diversificação tem sua função cristalizada nestes momentos – quando não sabemos onde os próximos meteoros poderão cair.

O valor patrimonial de um FII é importante, pois, mesmo que imperfeito, é uma referência para o investidor decidir a compra da cota, uma vez que o rendimento tende a ser estático, exceto no caso dos FIIs de *shoppings*, pois estes centros de compras podem arrecadar mais com as porcentagens sobre vendas efetuadas pelas lojas, conforme o desempenho delas.

De concreto, uma verdade segue inabalável: por pior que seja uma crise, um imóvel bem construído e bem localizado dificilmente terá seu valor patrimonial levado à estaca zero. No longo prazo, tal referência tende a se reafirmar, mas esse fenômeno não traz respostas para o curto e médio prazo, quando é preciso lidar com os impactos de uma correção abrupta de preços.

## Volatilidade

O mercado entrou num tabuleiro de xadrez com volatilidade inédita, pois o IFIX pegou carona no IBOV, que simplesmente despencou em março de 2020. Muitos investidores novatos realizaram prejuízos, outros resgataram recursos a fim de recompor reservas para atravessar a quarentena e houve também quem vendesse suas posições em FIIs para aportar em ações de grandes empresas com descontos aparentemente evidentes.

**A evolução do IBOV entre 01/01/2020 e 16/06/2020 (fonte: https://www.google.com/ search?q=ibov – *link* acessado em 17/06/2020).**

A despeito da crise sistêmica, os fundos imobiliários seguiram com volatilidade menor do que a volatilidade das ações. Além do mais, sempre teremos um mercado assimétrico e pessoas que tomam decisões em velocidades diferentes. Isso é natural e não se resolve.

Vale observar que a volatilidade nas cotações dos fundos imobiliários não se refletiu na variação de renda passiva para quem já tinha uma carteira diversificada.

Se é certo que a renda caiu sensivelmente em alguns casos e simplesmente foi suspensa em outros, para quem tinha um portfólio defensivo a renda passiva foi pouco afetada nos primeiros meses da quarentena.

A evolução do IFIX entre 01/01/2020 e 16/06/2020 (fonte: https://www.google.com/ search?q=ifix – *link* acessado em 17/06/2020).

De qualquer modo, os investidores de FIIs estavam pouco habituados com a alta volatilidade das cotações dos ativos deste segmento do mercado. Antes da crise da Covid-19, as maiores volatilidades, embora menos intensas, foram verificadas em 2018, durante a greve dos caminhoneiros, que trouxe restrição de movimentação de mercadorias muito grande, com o agravante da interrupção da circulação de alimentos, provocando atrasos em alguns aluguéis, por tempo restrito; e também em 2015, quando o Congresso Nacional movimentou uma pauta para instituir a tributação dos rendimentos dos FIIs e dos dividendos das ações de empresas de capital aberto.

No que se refere à tributação, o tema voltou a estar em forte evidência em 2021, nas discussões sobre a Reforma Tributária no Congresso. A proposta inicialmente apresentada previa tributar os FIIs em 20%, mas, com a apresentação de argumentos consistentes contra essa ideia, no momento da publicação deste livro o risco parece ter sido afastado.

A queda acentuada das cotações dos FIIs, durante o primeiro bimestre da quarentena de 2020, também interrompeu uma série de emissões de novas cotas que os gestores do segmento estavam promovendo, pois os preços dos ativos no mercado secundário tornaram-se competitivos frente às ofertas que até 2019 operavam com descontos evidentes.

Após 60 dias de pandemia, a visibilidade começou a voltar, mesmo que ainda muito limitada. Os gestores começaram a identificar oportunidades no mercado real e foram em busca de novas emissões. Claro, ainda em uma escala menor. A força motriz foi o fato de que o número de cotistas de fundos imobiliários seguiu crescendo mês a mês – a Covid-19 não contaminou a coragem dos novos investidores.

## FIIs em comparação com REITs e outros fundos de investimentos

Um fator que protegeu os fundos imobiliários brasileiros da insolvência foi a proibição regulamentar de contraírem dívidas para crescer – o que estes instrumentos de investimentos fazem justamente por meio de emissões de novas cotas.

Nos Estados Unidos, os produtos equivalentes aos FIIs são os REITs *(Real Estate Investment Trusts)*, entidades jurídicas mais semelhantes às empresas de capital aberto, que igualmente podem se alavancar com dívidas.

Em função disso, muitos REITs ficaram em situação alarmante, considerando a venda de ativos imobiliários importantes para honrar seus compromissos, num panorama de necessidade absoluta, não visto em solo brasileiro.

Como os fundos imobiliários brasileiros negociam cotas nos moldes das ações de empresa listadas em Bolsa, passando de investidor para investidor, não existe o risco de resgates simultâneos de cotas, como acontece com outros tipos de fundos de investimentos, sejam eles de renda fixa, renda variável ou multimercados.

Quando um investidor solicita um resgate nesses tipos de fundos, os gestores precisam obrigatoriamente vender parte de suas posições nos ativos das suas carteiras para pagar o investidor, mesmo que seja um péssimo momento para fazer isso.

Fundos de investimentos convencionais operam vendidos e por isso muitos tiveram seus desempenhos severamente prejudicados, ao terem que vender na baixa para sustentar os resgates de investidores assustados com a crise.

# Risco de quebra

Por não operarem vendidos e não poderem se alavancar, os fundos imobiliários brasileiros se constituem em ativos financeiros defensivos, dado que estão ancorados, direta ou indiretamente, em imóveis físicos, cujos valores raramente vão a zero. Isso reduz o risco de quebra de grande parte dos FIIs, mesmo numa crise sem precedentes.

O FII não pode ficar com patrimônio líquido negativo. Seu funcionamento é basicamente um fluxo de caixa. Então, se o fluxo de caixa cai, o FII deprecia rapidamente. Em caso de dissolução, o FII vende os ativos eventualmente presentes em sua carteira. Neste caso, a questão é saber se haverá compradores para estes ativos.

Os valores dos imóveis podem cair drasticamente caso não haja interessados, até serem entregues por valores residuais. Porém, este seria um evento possível apenas num cenário extremo, ainda não verificado.

Um fundo imobiliário pode ficar insolvente, mesmo com muito patrimônio, se ficar sem liquidez. Além disso, embora um fundo imobiliário não possa se alavancar, isso pode acontecer de modo indireto, se o FII investir num projeto em que o incorporador toma dívida, trazendo riscos a toda a operação.

De todo modo, os FIIs se estruturam com uma engenharia financeira muito bem equacionada, de baixo risco para o cotista final.

Em crises agudas, os fundos imobiliários podem ficar sem distribuir rendimentos temporariamente, ou entregar proventos de modo parcial aos seus cotistas. Aqui vale o ditado popular:

*– É melhor pingar do que faltar.*

# Renegociações

Outro ditado, não tão popular, mas conhecido entre os agentes mais experientes do mercado financeiro, é este:

– *Quando todo mundo quebra, ninguém quebra.*

Em situações de estresse no mercado, com a reverberação de riscos sistêmicos, todas as partes envolvidas nas operações financeiras concordam que um bom entendimento, com todos os lados cedendo em alguns pontos, é o melhor caminho para a preservação do próprio ambiente de negócios.

Em se tratando de fundos imobiliários, nenhum credor ou devedor deseja enfrentar uma inadimplência pura e simples. Quando uma crise se instala no mercado imobiliário, a solução é buscar as renegociações. O foco é evitar a judicialização das pendências, para as quais uma solução definitiva poderia levar anos.

As renegociações são boas para os investidores. Nos fundos de tijolos, os gestores podem perdoar parcialmente ou totalmente alguns aluguéis, aumentando a extensão dos contratos com os inquilinos, adicionando uma taxa de juros compensatórios.

No caso dos fundos de papéis, as renegociações visam preservar a adimplência do tomador de recursos numa operação de CRI, igualmente compensada com um aumento dos juros e das garantias para repor a eventual carência de parcelas e o aumento dos prazos.

Ainda sobre os CRIs, a Constituição do Brasil determina que os tomadores de crédito paguem primeiramente os juros de um financiamento, para então pagar a amortização do contrato num segundo momento. Então, quem paga os juros continua oficialmente adimplente.

É por isso que a maioria absoluta dos CRIs continuou rodando, mesmo em cenário de *lockdown* parcial em várias regiões do Brasil, durante o primeiro semestre de 2020.

O radicalismo baseado num contrato assinado em tempos de normalidade não se aplica em tempos de crise generalizada, atenuada pelo fato de que a velocidade da economia real é diferente daquela verificada no *home broker*. Quer seja: imóveis bem localizados e bem estruturados não são devolvidos tão facilmente, pois, em tempos de bonança, a fila para ocupá-los costuma ser longa.

Aqui resulta evidente uma grande vantagem de investir no mercado imobiliário por meio de FIIs, em relação aos imóveis convencionais: a gestão dos FIIs é profissional. Isto significa que os gestores são negociadores profissionais.

Quanto maior a carteira interna de investimentos de um FII, maior a necessidade de acompanhamento constante de todas as operações, até para identificar oportunistas que eventualmente podem continuar honrando os compromissos, mas usam o argumento de uma crise generalizada para postergar ou mesmo abater pagamentos.

Cabe aos gestores dos FIIs não aceitar concessões sem antes verificar as reais necessidades de inquilinos ou tomadores de crédito via CRIs. Os gestores, desde o começo da crise, foram profissionais e, ao mesmo tempo, realistas. Todos procuraram decidir caso a caso, para evitar que os oportunistas levassem alguma vantagem.

Empresas produtoras de alimentos, por exemplo, continuaram operando em meio à pandemia: como eventuais inquilinas de instalações industriais ou galpões de logística pertencentes a algum FII, elas poderiam em tese continuar pagando os aluguéis normalmente. O que não seria o caso de uma fabricante de peças automotivas, dado que as montadoras de automóveis paralisaram as linhas de produção no começo da quarentena.

## Contingências

Em tempos de crise, enquanto eventuais negociações estão em andamento, ou ainda não surtiram efeito, os FIIs com caixa podem distribuir receitas financeiras para seus cotistas, atenuando a queda de rendimento de suas operações primárias.

Em outros casos, gestores podem segurar as distribuições para soltar os rendimentos obrigatórios, na ordem de 95% dos saldos apurados, até o último dia útil de cada semestre, para salvar caixa nas operações.

É compreensível, ainda, que FIIs de *shoppings* tenham suspendido distribuições de rendimentos para seus cotistas, por imposição de uma quarentena que impediu o funcionamento destes espaços confinados. Não obstante, estas decisões foram comunicadas com clareza, para que o investidor não tomasse a fotografia de um momento crítico como algo definitivo.

## Fundo de reserva

Porém, a melhor forma de um FII contingenciar momentos de crises agudas é acionar seu fundo de reserva, caso ele esteja previsto em regulamento, para manter suas operações rodando por alguns meses, pois, sem um colchão de segurança bem estruturado, um FII pode ingressar subitamente numa situação de risco de insolvência.

Boa parte dos grandes fundos tem reservas para suportar alguns meses – em geral os recursos para tanto garantem pelo menos um trimestre de manutenção do FII. Como raramente as inadimplências atingem 100% das operações dos fundos com carteiras mais diversificadas, as reservas acabam durando mais alguns meses.

Em fundos de tijolos, essas reservas podem ser usadas para custear a manutenção dos edifícios em caso de aumento de vacância. Já os fundos de papéis garantem o monitoramento dos CRIs e eventualmente parte dos rendimentos para os cotistas, diminuindo a volatilidade neste quesito, que poderia assustar os mais conservadores.

Nenhum fundo de reserva de FII, no entanto, estava dimensionado para enfrentar uma pandemia, e devemos ter reflexos neste sentido, com eventuais propostas de mudanças de regulamentos, que permitam o aumento destes recursos de proteção.

## FIIs de tijolos

O segmento de fundos de tijolos possui muitas variáveis e a crise da Covid-19 impactou cada tipo de operação de forma heterogênea. Enquanto fundos com galpões de logística e de supermercados se mostraram mais resilientes, fundos de hotéis e *shoppings* foram os mais afetados com a interrupção das atividades impostas pela quarentena. Alguns fundos de hotéis, inclusive, usaram as primeiras semanas da pandemia para realizar pequenas reformas e manutenções nos imóveis.

Fundos de lajes corporativas seguiram operando, mas o impacto do *home office* ainda será avaliado no médio e longo prazo. O mesmo se aplica aos fundos educacionais, cujas instalações podem ser revistas no futuro, se o ensino à distância, forçado pelo distanciamento social, ganhar espaço na agenda das escolas e universidades particulares.

A crise da Covid-19 começou quando o mercado imobiliário vencia um prolongado ciclo de baixa, ingressando num momento de recuperação para um segmento de alta, que foi interrompido. Porém, os estoques de imóveis residenciais já estavam com preços compactados antes da pandemia e não sofreram com o seu impacto.

Ainda assim, alguns fundos de tijolos, que estavam comprando prédios vagos para repaginar, visando a uma locação mais atrativa, pisaram no freio, antes de comprometerem valores que poderiam ser necessários para resgatar as operações já em andamento.

O *crash* de 2020 prejudicou especialmente os fundos imobiliários que possuem apenas um ativo ou apenas um inquilino, expondo seus cotistas a um risco binário: de manutenção dos rendimentos ou de interrupção total deles.

## Contratos típicos *versus* contratos atípicos

Os riscos de interrupção dos rendimentos de FIIs de tijolos aumentam ou diminuem, em tempos de crise, conforme o tipo de contrato que rege a relação entre os inquilinos e os proprietários dos imóveis.

Na teoria, os contratos típicos são menos seguros em recessões econômicas, pois seu tempo de duração não costuma ser longo – no máximo cinco anos – e admitem possibilidade de revisão dos valores dos aluguéis a partir do terceiro ano. Além disso, as multas rescisórias são restritas aos valores equivalentes a três a seis meses de aluguel.

Já os contratos atípicos são de longa duração, podendo atingir até duas décadas e, embora os aluguéis sofram correções pela inflação – como ocorre nos contratos típicos –, estes instrumentos não admitem alterações nas bases das parcelas da locação, com multas de rescisão cobrindo todo o período restante do acordo formal.

Sempre que possível, os gestores dos FIIs de tijolos tentam firmar contratos atípicos durante um ciclo econômico imobiliário aquecido, com prazo alongado, prevendo vencer o ciclo econômico imobiliário de baixa, de modo a ser renovado em boas condições quando um novo ciclo de prosperidade se iniciar.

| Aptiv Espírito Santo do Pinhal/SP | |
|---|---|
| Classe de Imóvel | Galpão Logístico / Industrial |
| Localização | Espírito Santo do Pinhal/SP |
| Participação no Imóvel | 100% |
| Área Bruta Locável | 18.591 m² |
| Área do Terreno | 59.239 m² |
| Tipo de Contrato de Locação | Atípico |
| Ocupação do Imóvel | 100% |
| Valor do Aluguel Vigente | R$ 281.760 |
| Anos até o Vencimento | 8,9 |
| Vencimento | Março/29 |
| Mês de Reajuste | Abril |
| Índice de Reajuste | IPC-A |
| Fiança Bancária | R$ 3.250.887 (Bradesco) |

**Detalhe do Relatório Gerencial do FII ALZR11, publicado em 19/06/2020 com dados do período coberto até 31/05/2020. As imagens mostram o galpão do segmento logístico e industrial locado para a Aptiv no interior de São Paulo, com contrato atípico vencendo em março de 2029 (fonte: https://fnet.bmfbovespa.com.br/fnet/publico/ exibirDocumento?id=101840&flnk – _link_ acessado em 19/06/2020).**

Por tudo isso, os contratos atípicos oferecem uma camada adicional de proteção, especialmente durante uma quarentena prolongada. Trata-se uma proteção a mais que, porém, não garante imunidade plena – o que ficou evidenciado nesta pandemia –, pois, no final das contas, tudo se resume à qualidade do crédito do locatário. O contrato em si, em uma crise como essa, torna-se menos relevante.

Nada impede que um contato atípico seja discutido judicialmente, durante sua vigência. Para tanto, os advogados dos inquilinos podem recorrer à Teoria da Imprevisão, alegando que, por motivos de força maior, seus clientes não podem honrar, momentaneamente, as parcelas do aluguel com o proprietário do imóvel.

Nem todo seguro de contrato atípico cobre pandemias, por exemplo. Então, cabe aos juízes na primeira instância e aos desembargadores na segunda instância analisar as condições econômicas dos inquilinos, bem como o patrimônio do proprietário do imóvel – no caso a carteira de um FII – para arbitrar novas condições para a sequência ou interrupção do acordo.

## FIIs de agências bancárias

Como os serviços bancários foram considerados essenciais pelas autoridades sanitárias estaduais e federais, as agências de atendimento presencial não tiveram suas portas fechadas durante a quarentena.

Portanto, os FIIs de agências bancárias puderam atravessar esse momento com mais tranquilidade, o que não atenua o fato de que, no médio e longo prazo, tais instituições devem enfrentar mudanças de paradigmas no relacionamento com os clientes, cada vez mais ativos por meio do *internet banking*.

## FIIs de *shoppings*

Assim como os fundos imobiliários especializados em hotéis, os FIIs de *shoppings* estiveram entre os mais afetados pela pandemia do Coronavírus.

Em meados de março de 2020, o governo do estado de São Paulo determinou o fechamento de todos os *shoppings* paulistas, num movimento que rapidamente se alastrou por todo o Brasil. Somente na virada de maio para junho do mesmo ano notou-se um afrouxamento nas medidas, com reaberturas parciais destes estabelecimentos, ainda com restrições diversas.

Em consequência disso, a renda de todo o segmento foi altamente impactada e alguns FIIs de *shoppings* simplesmente interromperam a distribuição de proventos para os cotistas.

Muitos lojistas, em especial os de pequeno porte, deixaram de pagar os aluguéis, pois ficaram sem capital de giro, a despeito de linhas de créditos incentivadas pelo governo federal, que não chegaram na ponta necessária. A inadimplência das lojas de *shoppings* atingiu 50% em alguns casos e 30% em outros.

Investidores mais defensivos, que evitavam comprar cotas de FIIs que tinham apenas um *shopping* na carteira, preferindo FIIs com patrimônio distribuído em diversas unidades, foram igualmente colhidos pela crise sistêmica, que não afetou um ou outro *shopping*, mas todos.

Se diversas lojas âncoras resistiram melhor à queda de receitas, visando segurar seus pontos estratégicos, muitos lojistas satélites quebraram definitivamente, entregando suas posições e aumentando a vacância dos empreendimentos.

Mesmo que um *shopping center* esteja fechado, são diversos os compromissos que os lojistas devem honrar, como aluguel, condomínio, IPTU e fundo de promoção de vendas.

Neste sentido, grandes administradoras de *shoppings*, que eram muito rígidas anteriormente, ficaram maleáveis, alongando prazos de contratos, atenuando momentaneamente o valor dos aluguéis e reduzindo despesas com fundos de promoção.

A intenção, com isso, foi auxiliar principalmente as lojas menores, pois o aluguel do metro quadrado delas é mais rentável para os controladores dos empreendimentos, no longo prazo. Parte substancial dos condomínios, porém, não pôde ser reduzida, pois gastos com manutenção predial, limpeza e segurança são difíceis de rearranjar.

| | Administração | Abril/20 | | |
|---|---|---|---|---|
| | | Aluguel | Condomínio | FPP |
| Maceió Shopping | ProShopping | 40% de Desconto | 30% de Redução | Isenção |
| Shopping Tacaruna | TMall | 35% de Desconto | 20,44% de Redução | 60% de Redução |
| Suzano Shopping | HBR Realty | Cobrança Integral | 30% de Redução | Isenção |
| Shopping Taboão | Aliansce Sonae | 50% de Desconto | 20% de Redução | Isenção ou Adiamento |
| Boulevard Shopping Feira | | 50% de Desconto | 20% de Redução | Isenção ou Adiamento |
| Shopping Park Lagos | Argo Adm | Cobrança de Aluguel Percentual | 15% de Redução | 70% de Redução |
| Shopping Park Sul | | Cobrança de Aluguel Percentual | 15% de Redução | 70% de Redução |

**Detalhe do Relatório Gerencial do FII MALL11, publicado em 25/05/2020 com dados do período coberto até 30/04/2020. A tabela mostra que, dos sete *shoppings* presentes na carteira do fundo, as administradoras dos empreendimentos concederam reduções ou isenções nos fundos de promoção e publicidade em todos os casos, bem como reduções de condomínios. Com relação aos aluguéis, quatro *shoppings* tiveram descontos variados em abril de 2020, dois *shoppings* cobraram apenas o aluguel percentual das vendas e apenas um estabelecimento manteve o aluguel integral (fonte: https://fnet.bmfbovespa.com.br/ fnet/publico/exibirDocumento?id=97425&flnk – *link* acessado em 19/06/2020).**

A despeito do aumento da inadimplência, da vacância e da redução dos rendimentos no curto prazo, os especialistas em FIIs foram unânimes em afirmar que o segmento dos *shoppings* não vai quebrar, dado que são, quase sempre, investimentos altos demais para serem abandonados.

## FIIs de logística e indústria

Os fundos imobiliários focados em galpões de logística e instalações industriais se mostraram bastante resilientes em relação à quarentena forçada no primeiro semestre de 2020.

Obviamente, houve questões pontuais de inadimplência e renegociações, mas em linhas gerais os contratos bem amarrados e de longo prazo, considerados contratos atípicos, sustentaram a distribuição de rendimentos para os cotistas sem grandes variações negativas.

Neste segmento, os alvarás de funcionamento concedidos pelas prefeituras, bem como as licenças ambientais, liberadas por organismos estaduais, são documentos que se leva muito tempo para conseguir. Este fator dificulta a mobilidade dos inquilinos, cujas saídas costumam ser avisadas com bastante antecedência, permitindo aos gestores dos FIIs tomarem decisões para mitigar a eventual queda da receita.

Aqui não há um consenso entre os gestores: alguns defendem que galpões de logística são melhores do que galpões industriais, pois permitem o uso para diversos tipos de inquilinos. Gestores de fundos com galpões industriais respondem que as alternativas para os inquilinos desse tipo são bem menores no mercado, o que os motiva a permanecer por longo tempo em suas instalações.

Os fundos especialistas em galpões de logística configuram-se como um segmento seguro para investidores, pois, nestes empreendimentos, não importa a movimentação de mercadorias: o valor do aluguel é fixo, guardando uma relação com o preço de mercado do imóvel – razão pela qual seus rendimentos tendem a ser mais perenes, uma vez que, mesmo em momentos de crises, os valores patrimoniais desses ativos se alteram muito lentamente.

Além do mais, mesmo que a quarentena tenha fechado estabelecimentos comerciais nas cidades, o segmento de logística sofreu menos em função do *e-commerce*, que seguiu operando plenamente, impulsionado pelas vendas on-line de mercadorias.

## *E-commerce*

Excetuando-se o comércio de produtos considerados essenciais para a população, como alimentos, remédios e itens de limpeza e higiene, todo o restante das lojas foi obrigado a ficar de portas fechadas durante as primeiras semanas da quarentena da Covid-19. Como reflexo, o sistema de compras virtuais de mercadorias e os serviços de entregas de encomendas ganharam uma nova dimensão.

Até então, o segmento do *e-commerce*, que durante anos se apresentava como algo promissor, estava diante de um crescimento apenas paulatino diante do sistema tradicional de vendas presenciais.

Várias empresas desse ramo vinham com dificuldades para operar no azul, em função das margens reduzidas e da concorrência baseada em promoções predatórias. Além disso, o alto custo dos fretes ainda representa um gargalo para todo o setor.

As companhias focadas em *e-commerce* que apresentam crescimento nesta área o fazem mais em função de captação de recursos em Bolsa de Valores ou em função de se converterem em grandes *marketplaces*, que lucram por meio de comissões das vendas que proporcionam para pequenos lojistas parceiros, como é o caso da Amazon e do Magalu.

Se até então, para várias empresas convencionais, o *e-commerce* era visto apenas como um complemento de receita das lojas físicas – um canal adicional de vendas –, após a pandemia certamente essa estratégia de vendas ganhará mais espaço, não devendo recuar após o estabelecimento de uma "nova norma-lidade" (ainda não existente no momento do lançamento deste livro).

## O *home office* e as lajes corporativas

Essa "nova normalidade" também comportará uma relação di-ferente das empresas com o sistema *home office* de trabalho, antes praticado apenas parcialmente por companhias mais li-berais, e que durante a quarentena foi a praxe para a maioria absoluta dos funcionários e das áreas para os quais tal condi-ção era possível.

Verificou-se que essa modalidade remota de trabalho pode ser tão produtiva quanto o trabalho presencial exercido nas sedes das empresas, ou nos espaços de *coworking*, quando uma série de empresas compartilha ambientes de apoio, como recepções, salas de reuniões, copas e sanitários.

Com a maior adesão de colaboradores ao *home office* em defini-tivo, por questões de economia de tempo, transporte e qualidade de vida no ambiente familiar, há quem considere que os FIIs de lajes corporativas possam ser prejudicados. Isto, porém, dificil-mente irá ocorrer, por algumas razões:

- Em primeiro lugar, as melhores empresas querem ter escritórios nas melhores localidades em relação às suas atividades. O critério da localização do imóvel e da sua qualidade não muda, mesmo com uma crise generalizada.

- Em segundo lugar, se é verdade que haverá menos postos fixos de trabalho nas lajes corporativas, haverá maior ne-cessidade de espaço entre seus ocupantes, sejam colabo-radores, clientes, fornecedores ou visitantes ocasionais. Acredita-se em possíveis novas ondas de doenças respiratórias contagiosas nos próximos anos, e parte das medidas de distanciamento social em tempos de quarentena será incorporada à nova cultura de trabalho nos ambientes burocráticos.

- Em terceiro lugar, os seres humanos têm necessidade de conviver com seus pares, de conversar pessoalmente, de sentir o ambiente de uma organização pelas entrelinhas – algo impossível de ser feito remotamente.

As pessoas não são meras máquinas que trabalham e consomem: elas querem viver experiências enquanto exercem seus ofícios. Por esta razão, igualmente o comércio de rua e de *shopping centers* será retomado no médio e longo prazo, de forma gradual e quase plena.

## FIIs de papéis

Os fundos imobiliários de papéis, que de maneira geral operam com CRIs – Certificados de Recebíveis Imobiliários –, historicamente são mais defensivos em relação aos fundos de tijolos e outras modalidades, dado que grande parte deles possui carteiras distribuídas, ou mesmo pulverizadas, em vários financiamentos.

Em última instância, os FIIs de papéis são entidades financiadoras do mercado imobiliário, mesmo quando os bancos se retraem nesse segmento, em épocas de recessão, como a ocorrida entre 2014 e 2015.

Portanto, os fundos imobiliários que operam com CRIs são experientes em lidar com momentos difíceis na economia de um país, financiando obras que atuam em ciclos alongados, uma vez que todos os empréstimos são cobertos com camadas sobrepostas de garantias, entre elas as cessões fiduciárias.

Fundos de CRIs não sofrem com vacâncias imobiliárias, como ocorre eventualmente com os fundos de tijolos. Nestes, o valor patrimonial é calculado a cada 6 ou 12 meses. Já nos fundos de papel, o valor patrimonial é atualizado constantemente, via marcação a mercado.

Por isso, as cotações dos fundos de papéis foram as mais impactadas no começo da quarentena, mas também apresentaram uma recuperação mais acelerada, conforme a manutenção das distribuições de rendimentos para os cotistas foram acalmando o mercado.

## High yield versus high grade

Os fundos de papéis podem ser subdivididos em duas classes informais, que exigem monitoramentos distintos em ocasiões de crises: os FIIs *high yield* e os FIIs *high grade*.

Como a denominação em inglês revela, os fundos *high yield* buscam entregar dividendos mais elevados em relação ao seu valor patrimonial de cota, assumindo riscos maiores, ao financiar empresas do mercado imobiliário de portes distintos e mesmo pessoas físicas, diretamente. Como as carteiras destes fundos são mais pulverizadas, a equipe de gestores precisa ser maior para acompanhar tudo, resultando em taxas administrativas mais altas.

Já os fundos *high grade* buscam retornos mais seguros, embora potencialmente menores, ao lidar geralmente com financiamentos de operações do mercado imobiliário conduzidas por incorporadoras com alto lastro patrimonial e experiência em seus ramos de atuação, com baixo risco de crédito. O menor número de CRIs em andamento na carteira destes fundos, embora com volume de capital mais concentrado em cada operação, permite uma equipe de gestores mais focada, com taxas mais competitivas.

A inadimplência de FIIs *high grade* tende a ser menor em tempos de crise, ao passo que os FIIs *high yield* buscam proteção justamente na distribuição maior das alocações em múltiplas operações.

| 1.2 | Ativos financeiros | | | | | |
|------|--------------------|---|---|---|---|---|
| 1.2.1 | Fundos de Investimento Imobiliário - FII | | | | | |
| | Fundo | | CNPJ | | Quantidade | Valor (R$) |
| | FDO INV IMOB RBR CRÉDITO IMOB HIGH YIELD | | 30.166.700/0001-11 | | 121.724,00 | 11.804.793,52 |
| 1.2.2 | Certificado de Recebíveis Imobiliários (CRI) | | | | | |
| | Companhia | CNPJ | Emissão | Série | Quantidade | Valor (R$) |
| | FORTE SECURITIZADORA S.A. | 12.979.898/0001-70 | 1 | 227 | 4.250,00 | 3.588.068,72 |
| | FORTE SECURITIZADORA S.A. | 12.979.898/0001-70 | 1 | 229 | 2.000,00 | 1.827.588,46 |
| | FORTE SECURITIZADORA S.A. | 12.979.898/0001-70 | 1 | 257 | 1.815,00 | 1.912.978,46 |
| | FORTE SECURITIZADORA S.A. | 12.979.898/0001-70 | 1 | 261 | 2.145,00 | 2.260.792,72 |
| | FORTE SECURITIZADORA S.A. | 12.979.898/0001-70 | 1 | 265 | 2.640,00 | 2.782.514,12 |
| | FORTE SECURITIZADORA S.A. | 12.979.898/0001-70 | 1 | 269 | 2.200,00 | 2.318.761,77 |
| | FORTE SECURITIZADORA S.A. | 12.979.898/0001-70 | 1 | 336 | 500,00 | 489.176,88 |
| | FORTE SECURITIZADORA S.A. | 12.979.898/0001-70 | 1 | 335 | 19.500,00 | 18.764.248,34 |
| | FORTE SECURITIZADORA S.A. | 12.979.898/0001-70 | 1 | 309 | 9.440,00 | 8.274.957,11 |
| | FORTE SECURITIZADORA S.A. | 12.979.898/0001-70 | 1 | 252 | 1.500,00 | 1.578.980,29 |
| | FORTE SECURITIZADORA S.A. | 12.979.898/0001-70 | 1 | 226 | 4.250,00 | 3.585.760,02 |
| | FORTE SECURITIZADORA S.A. | 12.979.898/0001-70 | 1 | 221 | 1.800,00 | 1.821.750,98 |
| | FORTE SECURITIZADORA S.A. | 12.979.898/0001-70 | 1 | 189 | 5.000,00 | 4.691.081,50 |
| | FORTE SECURITIZADORA S.A. | 12.979.898/0001-70 | 1 | 188 | 10.000,00 | 8.781.867,87 |
| | FORTE SECURITIZADORA S.A. | 12.979.898/0001-70 | 1 | 187 | 10.000,00 | 8.568.061,83 |
| | FORTE SECURITIZADORA S.A. | 12.979.898/0001-70 | 1 | 186 | 4.100,00 | 3.374.655,55 |
| | FORTE SECURITIZADORA S.A. | 12.979.898/0001-70 | 1 | 207 | 2.000,00 | 1.516.172,79 |
| | FORTE SECURITIZADORA S.A. | 12.979.898/0001-70 | 1 | 210 | 1.500,00 | 1.260.742,12 |
| | CIBRASEC CIA BRASILEIRA DE SECURITIZACAO | 02.105.040/0001-23 | 1 | 305 | 3.728,00 | 3.517.385,71 |
| | CIBRASEC CIA BRASILEIRA DE SECURITIZACAO | 02.105.040/0001-23 | 1 | 304 | 860,00 | 748.649,85 |
| | FORTE SECURITIZADORA S.A. | 12.979.898/0001-70 | 1 | 283 | 12.600,00 | 12.450.900,02 |
| | FORTE SECURITIZADORA S.A. | 12.979.898/0001-70 | 1 | 284 | 2.000,00 | 1.912.539,25 |
| | FORTE SECURITIZADORA S.A. | 12.979.898/0001-70 | 1 | 213 | 1.500,00 | 1.260.742,12 |
| | FORTE SECURITIZADORA S.A. | 12.979.898/0001-70 | 1 | 249 | 1.375,00 | 1.321.674,31 |
| | FORTE SECURITIZADORA S.A. | 12.979.898/0001-70 | 1 | 248 | 2.750,00 | 2.639.974,95 |
| | FORTE SECURITIZADORA S.A. | 12.979.898/0001-70 | 1 | 246 | 1.125,00 | 1.098.326,61 |
| | FORTE SECURITIZADORA S.A. | 12.979.898/0001-70 | 1 | 311 | 24.000,00 | 23.294.349,76 |
| | FORTE SECURITIZADORA S.A. | 12.979.898/0001-70 | 1 | 253 | 14.850,00 | 15.651.641,92 |
| | FORTE SECURITIZADORA S.A. | 12.979.898/0001-70 | 1 | 272 | 8.500,00 | 5.946.796,53 |
| | FORTE SECURITIZADORA S.A. | 12.979.898/0001-70 | 1 | 273 | 3.500,00 | 2.808.482,55 |
| | FORTE SECURITIZADORA S.A. | 12.979.898/0001-70 | 1 | 240 | 8.650,00 | 9.047.519,82 |
| | FORTE SECURITIZADORA S.A. | 12.979.898/0001-70 | 1 | 201 | 7.000,00 | 5.037.142,84 |
| | FORTE SECURITIZADORA S.A. | 12.979.898/0001-70 | 1 | 276 | 6.250,00 | 5.872.687,32 |
| | FORTE SECURITIZADORA S.A. | 12.979.898/0001-70 | 1 | 199 | 3.190,00 | 1.646.864,76 |
| | FORTE SECURITIZADORA S.A. | 12.979.898/0001-70 | 1 | 220 | 1.800,00 | 1.765.274,50 |
| | FORTE SECURITIZADORA S.A. | 12.979.898/0001-70 | 1 | 297 | 16.000,00 | 15.366.593,71 |
| | FORTE SECURITIZADORA S.A. | 12.979.898/0001-70 | 1 | 299 | 3.200,00 | 3.079.246,55 |
| | FORTE SECURITIZADORA S.A. | 12.979.898/0001-70 | 1 | 228 | 2.000,00 | 1.876.676,83 |
| | FORTE SECURITIZADORA S.A. | 12.979.898/0001-70 | 1 | 364 | 6.000,00 | 5.898.507,03 |
| | FORTE SECURITIZADORA S.A. | 12.979.898/0001-70 | 1 | 366 | 17.500,00 | 16.985.739,71 |

**Detalhe do Informe Trimestral do FII HABT11, publicado em 15/05/2020 com dados do período coberto até 31/03/2020. A planilha detalha a listagem dos CRIs presentes na carteira pulverizada do fundo de perfil *high yield* (fonte: https://fnet.bmfbovespa. com.br/fnet/publico/exibirDocumento?id=96062&flnk – *link* acessado em 19/06/2020).**

## O funcionamento dos CRIs

Em linhas gerais, um CRI envolve três tipos de agentes do mercado imobiliário: o financiador parcial ou total de um empreendimento imobiliário (que pode ser um FII), o tomador do crédito (que pode ser uma incorporadora ou SPE – Sociedade de Propósito Específico, entre outros) e o comprador final do produto gerado na operação (que pode ser inclusive uma pessoa física).

Quando um fundo imobiliário empresta dinheiro para um incorporador via CRI, o gestor deve avaliar o caráter do tomador do crédito, antes de analisar o risco do crédito. Essa é a parte intangível da análise. Todos os demais passos antes de uma decisão serão orientados pela segurança. Preservar o capital do investidor é fundamental.

Portanto, uma operação de CRI não deve financiar 100% do ativo imobiliário físico. É de bom tom não ultrapassar a casa dos 70% neste quesito. Além disso, para cada real emprestado, os gestores devem exigir garantias reais que suplantem o valor emprestado. Por exemplo: há FIIs que, para cada R$ 40 emprestados, exigem R$ 100 de garantia em imóveis do incorporador, embora tal valor não seja líquido. Outros FIIs operam com R$ 100 de garantia em ativos reais para cada R$ 60 emprestados, e assim por diante.

Como camada adicional de proteção para a liberação de um CRI, o incorporador tomador do crédito é obrigado a honrar os pagamentos para o FII, mesmo se levar calote do comprador do imóvel. Se é verdade que muitas incorporadoras também contam com o aval de pessoas físicas altamente capitalizadas, é papel do gestor analisar o fluxo de caixa dessas empresas, o que é tão importante quanto verificar seus balanços patrimoniais.

Para o investidor cotista do FII de papel, cabe salientar que operações de CRIs são diferentes das debêntures, dado que seus riscos não são binários, pois as eventuais inadimplências podem ser parciais; ao passo que debêntures podem ir a zero, por não oferecerem garantias em ativos reais, no momento de tomada do crédito.

Os FIIs que investem por meio de CRIs podem impor alienações fiduciárias para incorporadoras ou mesmo SPEs. Supondo que o tomador de crédito de um CRI fique inadimplente, o imóvel dado como garantia deverá ser leiloado, visando à recuperação do capital principal cedido pelo FII e à devolução de eventual margem obtida para quem perdeu o ativo físico.

Caso um leilão não seja bem-sucedido, o imóvel alienado pode passar para a posse do FII em questão, que eventualmente poderá tocar o empreendimento e revendê-lo posteriormente para outros incorporadores ou ainda diretamente para o público.

## Preferência para recebimentos

Investidores que buscam ainda mais segurança em fundos de CRIs podem inquirir sobre o tipo de cotas que estas operações de crédito podem oferecer. Embora teoricamente menos rentáveis, as cotas sêniores tendem a ser mais seguras que as cotas mezaninos, juniores ou subordinadas, que apresentam riscos maiores, mesmo conciliando juros sensivelmente mais altos.

Os CRIs subordinados, por exemplo, funcionam como escudos para os CRIs sêniores. Digamos que um fundo imobiliário tenha feito um empréstimo a uma incorporadora e o combinado é que ela pague R$ 20 mil por mês. R$ 10 mil serão recebidos na cota sênior. Os outros R$ 10 mil serão recebidos na cota subordinada. Até aí, tudo certo.

Só que a incorporadora começa a não conseguir pagar os R$ 20 mil por mês. Em determinado mês, ela só tem R$ 18 mil. Os R$ 2 mil que faltaram impactam primeiramente a cota subordinada e, portanto, a cota sênior fica preservada. Isso pode ir descendo a depender do nível de subordinação.

Portanto, os FIIs que concentram cotas sêniores de CRIs em suas carteiras entregam mais segurança para o investidor, em forma de proventos preservados.

## Fundos de fundos

Os fundos imobiliários que investem em cotas de outros fundos imobiliários podem entregar dois tipos de fontes de renda para os cotistas: a redistribuição dos proventos recebidos em suas carteiras e a distribuição de ganhos de capital com eventuais vendas lucrativas de cotas.

Logo, quando o mercado está numa fase positiva, a entrega de proventos dos FOFs tende a ser maior. Porém, o componente de renda baseado em ganho de capital é anulado em épocas de crises, com o mercado em baixa.

Ocorre que vários FOFs estavam fazendo emissões no segundo semestre de 2019 e alguns tinham um bom caixa para alocar, quando a quarentena se instalou no Brasil em março de 2020. Os gestores que foram audaciosos nesse momento fizeram ótimas compras, haja vista o *rally* verificado nas cotações dos fundos com o passar das semanas.

Os *rallies* são movimentos de alta após severas quedas do mercado, mas isto não significa que sejam duradouros ou consistentes, o que joga os gestores de FOFs na gaveta dos *traders* – uma contradição e tanto num ambiente mais conservador de renda variável, dado que os FIIs são mais atraentes para investidores com perfil de longo prazo, com posturas menos especulativas.

Por outro lado, os FOFs que já estavam com suas carteiras alocadas em outros FIIs quando a crise estourou tiveram que segurar suas posições para não realizar prejuízos severos – o que teria sido desastroso para seus cotistas.

Em linhas gerais, no entanto, os FOFs se mostraram bastante resilientes no contexto da pandemia do Coronavírus, com pouca redução do *Dividend Yield* médio no segmento.

Evolução do IFIX no período de um mês anterior ao dia 16/06/2020: um clássico *rally* benéfico para os FOFs (fonte: https://www.google.com/search?q=ifix – *link* acessado em 17/06/2020).

## Fundos de desenvolvimento

Os FIIs de desenvolvimento trabalham com empreendimentos que normalmente exigem um longo tempo de maturação. No caso dos loteamentos, por exemplo, a identificação de áreas, a negociação com seus proprietários, a formação das SPEs, o desenvolvimento dos projetos, as aprovações em diversas esferas do Estado, as ações para os lançamentos, a execução das obras necessárias, a entrega definitiva dos lotes: todo esse processo dura pelo menos alguns anos.

Mesmo edificações em lotes unitários requerem prazos alongados para serem realizadas. Por isso, nem todos os fundos de desenvolvimento distribuem proventos com regularidade mensal e o perfil de seus cotistas, de certo modo, reflete essa mentalidade de longo prazo.

Essa conformação, por si só, já indica que fundos de desenvolvimento tendem a reagir bem às crises agudas. Somente uma grande depressão, com duração de vários anos seguidos, poderia alterar esse paradigma.

A despeito disso, o desenvolvimento de loteamentos, especialmente os residenciais, é uma atividade potencialmente muito lucrativa. Por exemplo: com um investimento de R$ 15 milhões em serviços de projetos e execuções de obras como terraplanagem, drenagem, redes de água e esgoto, instalações elétricas, pavimentação de ruas com meio-fio, paisagismo e outros, é possível implantar um empreendimento de mil lotes que, no longo prazo, pode gerar R$ 100 milhões em receitas, mediante oferta de financiamento das unidades diretamente para os compradores, com suaves parcelas que podem ultrapassar meia década, facilmente.

A taxa de inadimplência das operações dos fundos imobiliários de desenvolvimento de loteamentos, que financiam terrenos residenciais diretamente para pessoas físicas, gira em torno de 3% a 5% em tempos de normalidade, podendo subir para 10% em períodos cíclicos de recessões econômicas. A crise do Coronavírus, porém, levou a taxa de inadimplência para algo próximo a 20%. Ainda assim, esse patamar não é suficiente para fazer malograr um empreendimento desse porte.

## Fundos híbridos

Os FIIs híbridos, com gestão ativa e alto patrimônio líquido, emergem como nova tendência no mercado imobiliário, em contrapartida aos fundos de tijolos monoativos com gestão passiva, que espelharam a origem deste segmento de renda variável, ainda na década de 1990.

Os fundos híbridos são semelhantes aos FOFs no quesito da diversificação da carteira interna. A diferença é que eles podem mesclar operações típicas de fundos de tijolos com operações típicas de fundos de papéis e ainda de desenvolvimento, além de comprar cotas de outros fundos, atuando, porém, com menos giros de carteiras.

Deste modo, a distribuição de proventos de fundos híbridos não sofreu grandes variações negativas após o início da quarentena, salvo aqueles que concentraram os *shoppings* em seus portfólios.

## A lenta e controversa retomada da economia

Em vários países do mundo, a curva de contágio da doença provocada pela mutação do Coronavírus, identificada ainda em 2019, foi combatida com o auxílio de quarentena generalizada e pelo distanciamento social. Por meio do rastreamento de aparelhos de telefones celulares, a taxa de distanciamento foi questionavelmente aferida por agentes estatais.

No Brasil, enquanto cientistas recomendavam uma taxa de isolamento de 70%, em raras cidades e ocasiões essa taxa foi superior a 60%, mesmo no início da quarentena, quando havia uma falsa percepção de que ela não seria tão longa.

Com o passar dos meses, porém, as taxas de imobilidade dos usuários de telefones celulares caíram para abaixo de 40%, agravando o número de óbitos, mas atenuando os impactos negativos na economia, com a retomada parcial – permitida ou não – das atividades industriais e comerciais, num cenário de absoluta necessidade para muitos e de inadvertência ou irresponsabilidade de outros, em meio a informações desencontradas de todas as espécies, além de conflitos políticos entre representantes das autoridades locais e federais.

Não cabe aqui fazer uma análise sociológica desse imbróglio. Porém, vale registrar o assombro que esta situação – sem precedentes em nossa época – nos causa, por mais frios e calculistas que devamos ser, enquanto investidores de longo prazo em renda variável.

## Conselhos

No momento da publicação deste livro, ainda não sabemos os desdobramentos dessa crise econômica-política-humanitária-sanitária. Porém, temos que nos ater aos dados concretos de que dispomos, adotando posturas conservadoras, que nos preservem a ponto de ver dias melhores, que certamente chegarão.

Em primeiro lugar, nunca é demais bater na tecla da diversificação. Do investidor pessoa física não se espera que seja um especialista em fundos imobiliários, pois *"quem é pago para escolher os cavalos são os gestores"*. Por isso, estabelecer uma carteira de ativos diversificada por tipos e setores diferentes de FIIs segue sendo a pedra fundamental.

No mercado financeiro, cada crise impacta mais intensamente setores diferentes. Então, a diversificação diminui riscos focados, mas não protege totalmente contra riscos sistêmicos. Portanto, rebalancear a carteira para buscar novos equilíbrios é necessário, desde que isso não signifique giro excessivo de ativos.

O giro de carteira deve ser evitado especialmente em momentos de crises agudas, em função de um setor ter sido mais prejudicado do que os outros. Quem faz isso realiza perdas irrecuperáveis ao ignorar que, no longo prazo, os retornos se ajustam.

**DIVIDENDOS DOS FUNDOS IMOBILIÁRIOS**

DY Calculados com a base de preço de 21/Mai:

| Setor | DY Fev/20 | DY Mar/20 | DY Abr/20 |
|---|---|---|---|
| Corporativo | 6,24% | 5,89% | 5,69% |
| Logístico | 6,57% | 6,33% | 6,01% |
| Shoppings | 6,88% | 2,87% | 1,37% |
| Recebíveis | 8,68% | 7,88% | 7,07% |
| Outros | 8,66% | 7,62% | 7,57% |

*Dividendos de Maio ainda estão em período de divulgação

Estudo da RBR Asset sobre os dividendos dos fundos imobiliários distribuídos entre fevereiro e abril de 2020, com *Dividend Yields* calculados com base nas cotações de 21/05/2020, separados por setores. Os FIIs de *shoppings* realmente foram os mais prejudicados após o início da quarentena. Porém, os demais setores mostraram-se bem mais resilientes, reforçando o argumento da diversificação efetiva (fonte: https://www. instagram.com/p/CBRmu8OlPSS/ – *link* acessado em 19/05/2020).

Para quem segue realizando aportes regularmente, mesmo durante as tempestades do mercado, vale deixar de lado, momentaneamente, o foco em rendimentos imediatos, pois a prioridade deve ser dada aos fundamentos de cada tipo de fundo imobiliário.

Em FIIs de tijolos, um mantra não se altera: o investidor deve priorizar a localização, depois a localização e, por fim, a localização dos imóveis, antes de averiguar a qualidade destes, deixando os contratos atípicos passarem na frente.

Em FIIs de papéis, a postura defensiva é dar preferência para carteiras internas baseadas em CRIs de cotas sêniores, mesclando FIIs de perfil *high grade* com FIIs de perfil *high yield*, desde que devidamente pulverizados.

Mais do que nunca, saber filtrar o excesso de informações, notícias e ruídos de mercado passa a ser uma exigência. Compras e vendas de ativos não devem se basear nesse turbilhão de dados, mas no respeito a uma estratégia pré-definida – e perene – de longo prazo.

## Manter a estratégia

O investidor de longo prazo que tem um plano bem definido deve segui-lo com disciplina e paciência. Aqui, cabe uma analogia com as turbulências em viagens de aviões: por mais intensas que sejam, ninguém pula de paraquedas por causa delas.

As crises, para quem consegue manter a saúde dos aportes, aceleram o atingimento de metas de aposentadoria, pois fazem as cotações de FIIs sólidos abaixarem muito além do impacto negativo em seus fundamentos.

## Um novo momento para os FIIs

A despeito da grande crise de 2020, no momento de lançamento deste livro ainda estamos imersos na terceira onda de crescimento dos FIIs no Brasil, de maior popularização e democratização desta indústria financeira, como reflexo do momento histórico de queda na taxa básica de juros da economia, a Selic, que inviabiliza grande parte dos produtos de renda fixa, ao menos nos moldes de anteriormente.

Os FIIs nasceram incipientes em 1993. Depois de 2004, quando chegou a isenção tributária dos fundos imobiliários, notamos um crescimento e, depois, em 2010, passamos pela segunda onda, que trouxe fundos maiores, dotados de gestões ativas. Foi quando o mercado passou a crescer significativamente.

Em 2015 e 2016, com a forte crise econômica e imobiliária, os gestores se reinventaram e passaram a oferecer fundos com mais musculatura, entendendo a importância de ter mais transparência, mais governança e maior proximidade com os investidores. Essa terceira onda, que começou em 2016, é muito promissora, porque os fundos ficaram mais fortes e mais acessíveis aos cotistas.

## Projeções

Encerramos o desafio de registrar este momento chave para o segmento dos FIIs nos permitindo lançar um olhar para o futuro, de forma cautelosa, porém confiante.

No longo prazo, vemos o mercado com bons olhos, pois o fundo imobiliário é o veículo mais interessante e eficiente para o investimento no mercado imobiliário, tanto para a pessoa física quanto para os investidores institucionais.

Por isso, defendemos uma indústria grande e forte. Ainda estamos no começo. Temos que crescer dez ou vinte vezes mais, nesta década, para consolidarmos de fato o mercado de FIIs dentro do mercado de capitais.

# GLOSSÁRIO

**Os principais termos e siglas adotados no vocabulário do mercado financeiro no Brasil**

**Ação ordinária (ON):** ação que permite ao acionista participar das assembleias das empresas com capital aberto e votar nos temas propostos.

**Ação preferencial (PN):** ação sem direito a voto por parte do acionista, que, no entanto, tem a garantia de receber os dividendos estatutários ou outro benefício de acordo com a Lei das S/A ou com o estatuto da companhia.

**Análise fundamentalista:** forma de investir no mercado de ações que prioriza o retorno de longo prazo, proveniente dos lucros da atividade empresarial.

**Análise gráfica:** método para analisar o comportamento das ações no mercado tentando antecipar tendências por meio de movimentos identificados em gráficos que expressam a evolução das cotações.

**Análise técnica:** vide "Análise gráfica".

**Ativos:** todos os bens pertencentes a uma empresa, incluindo aplicações financeiras, imóveis, máquinas e equipamentos, veículos, participações em outras empresas e reservas de valor.

**Balanço patrimonial:** documento contábil que aponta tanto os bens como as dívidas de uma empresa, compreendidos como seus ativos e passivos.

**BDR:** sigla em inglês para *Brazilian Depositary Receipts*. São classes de valores mobiliários negociados no mercado brasileiro com lastros oriundos de ações estrangeiras. Investir em BDRs é uma forma de diversificar investimentos sem abrir contas em corretoras de outros países.

***Blue Chips:*** expressão oriunda dos cassinos, onde as fichas azuis possuem maior valor. Nas Bolsas, equivalem às ações com maior volume de transações.

**Bonificação:** evento puramente contábil, no qual as empresas distribuem novas ações sem custo para os acionistas, conforme as quantidades de ações que eles já possuem. A cotação é ajustada na proporção inversa.

***Cap Rate:*** abreviatura de *Capitalization Rate* (Taxa de Capitalização). É o retorno anualizado atribuído no momento da compra de um ativo imobiliário. Esta taxa é calculada multiplicando-se o aluguel pago por 12. Na sequência, divide-se pelo valor pago pela propriedade. Para se chegar à taxa final, multiplica-se por 100.

***Capex:*** sigla da expressão inglesa *Capital Expenditure*, que compreende a quantidade de recursos financeiros alocados para a compra de bens de capital de uma determinada companhia, com o objetivo de manter ou até expandir o escopo das suas operações.

**Capital:** recurso financeiro expresso em moeda corrente. Empresas de capital aberto permitem que o público compre ações por meio do mercado de capitais. O capital de giro equivale ao dinheiro que a empresa coloca em movimento.

***Circuit Breaker:*** mecanismo automatizado que interrompe os negócios nas Bolsas de Valores sempre que os índices de referência sobem ou descem abruptamente em níveis elevados (por exemplo, 10%).

**Cotação:** preço da ação determinado pelas forças do mercado.

***Crash:*** situação de desvalorização geral e acentuada das ações, responsável pela quebra de vários agentes especuladores ou investidores.

***Day Trade:*** operação especulativa de compra e venda de ativo listado na Bolsa, realizada na mesma data.

**Debênture:** título emitido por empresas para captar recursos no mercado de capitais, com prazos e créditos determinados, sem que seus detentores se configurem como sócios delas.

**Desdobramento:** vide "Bonificação".

**Dívida Bruta/Patrimônio Líquido:** indicador fundamentalista que expressa o grau de alavancagem (endividamento) de uma empresa.

**Dividendo:** parte dos lucros auferidos pelas empresas que será repartida com seus acionistas proporcionalmente à quantidade de ações que possuem.

***Dividend Yield:*** indicador fundamentalista que representa em porcentagem a remuneração da ação dividida pela sua cotação, no prazo de 365 dias anteriores à cotação da ação. Por exemplo: no último ano a empresa distribuiu, entre dividendos e JCP, R$ 0,10 por ação. Se a ação está cotada em R$ 1,00, o *Dividend Yield* equivale a 10%.

**DRE:** sigla para Demonstração do Resultado do Exercício, documento que informa, em relação a determinado período, se uma companhia obteve lucro ou prejuízo.

**EBITDA:** sigla em inglês para *Earnings Before Interests, Taxes, Depreciation and Amortizations*, que, na sua tradução literal, significa Lucro Antes dos Juros, Impostos, Depreciação e Amortização. Tal indicador fundamentalista também pode ser chamado de LAJIDA.

**ETF:** sigla para *Exchange Traded Funds*, que em português soaria como FNB ou Fundos Negociados em Bolsa. Tais fundos relacionados aos índices, como o Ibovespa, são negociados como ações.

**FIIs:** sigla para Fundos de Investimento Imobiliário.

**Fluxo de caixa:** valor financeiro líquido de capital e seus equivalentes monetários que são transacionados – entrada e saída – por um negócio em um determinado período de tempo.

**Futuro:** tipo de negociação com prazos e condições pré-determinados, visando à garantia de preços mínimos e protegidos da volatilidade do mercado.

**Grupamento (*inplit*):** evento contábil no qual a empresa, a fim de minimizar a volatilidade de papéis com valor baixo, divide a quantidade de ações por um fator e multiplica por ele o valor da cotação, sem alterar o valor total de mercado. Fenômeno oposto ao desdobramento (*split*).

**Hedge:** operação financeira que busca a mitigação de riscos relacionados com as variações excessivas de preços dos ativos disponíveis no mercado.

**JCP (JSCP):** sigla para Juros Sobre Capital Próprio – uma forma alternativa aos dividendos para as empresas remunerarem seus acionistas, com retenção de impostos na fonte, reduzindo a carga tributária das empresas de forma legal.

**Joint-venture:** aliança entre empresas com vistas a empreendimentos ou projetos específicos de grande porte.

**Liquidez corrente:** indicador fundamentalista que expressa a relação entre o ativo circulante e o passivo circulante, demonstrando a capacidade da empresa em honrar compromissos no curto prazo.

**Long & Short:** estratégia na qual o investidor mantém, simultaneamente, uma posição comprada em um papel e uma posição vendida em outro, com o objetivo de lucrar com a diferença na variação de preços entre os dois ativos, que precisam ser relacionados. O termo também pode ser compreendido como uma operação de arbitragem.

**Lote:** no mercado financeiro brasileiro, o lote equivale a 100 ações como quantidade mínima ideal para compra e venda na Bolsa. Quando um lote é quebrado, as ações são negociadas no mercado fracionário, caso em que algumas corretoras de valores cobram taxas diferenciadas.

**LPA:** indicador fundamentalista que expressa o Lucro Por Ação.

**Margem bruta:** indicador fundamentalista que expressa o lucro bruto dividido pela receita líquida.

**Margem líquida:** indicador fundamentalista que expressa a relação entre o lucro líquido e a receita líquida.

**Minoritários:** investidores que adquirem ações em quantidades relativamente baixas, que impedem a sua participação na gestão das empresas.

**Opção (OPC ou OTC):** tipo de negociação que garante direito futuro de opção de compra ou de venda com preço pré-determinado.

**Ordem:** determinação de compra ou venda de ativo no mercado de capitais, que o aplicador comunica à sua corretora de valores para execução.

**Papel:** equivalente a ação (termo que fazia mais sentido quando as ações eram impressas e entregues ao portador).

**Passivos:** componentes contábeis das empresas, que representam seus compromissos, obrigações, dívidas e despesas circulantes e não circulantes, como salários de funcionários, empréstimos, tributos, dívidas com fornecedores.

**P/Ativos:** indicador fundamentalista que expressa a relação entre o Preço da ação e os Ativos totais por ação.

**Patrimônio líquido:** valor financeiro resultante da diferença entre os ativos e os passivos de uma empresa.

*Payout:* porcentagem do lucro líquido distribuído, na forma de dividendos ou juros sobre capital próprio, aos acionistas da empresa.

**P/Capital de Giro:** indicador fundamentalista que expressa a relação entre o Preço da ação e o Capital de Giro por ação, que por sua vez significa a diferença entre o ativo circulante e o passivo circulante da empresa.

**PL (P/L):** indicador fundamentalista para a relação entre Preço e Lucro, representando a cotação da ação no mercado dividida pelo seu lucro por ação.

**Posição:** situação do acionista em determinada empresa, fundo imobiliário ou ativo correlato. Quando um investidor zera a sua posição numa empresa ou num fundo imobiliário, por exemplo, significa que ele vendeu todas as suas ações ou cotas.

**Pregão:** período de negociações na Bolsa de Valores com negócios realizados eletronicamente. Antigamente, os pregões eram presenciais.

**PSR:** indicador fundamentalista cuja sigla em inglês indica *Price Sales Ratio* e equivale ao preço da ação dividido pela receita líquida por ação.

**P/VP:** indicador fundamentalista que expressa a relação entre o Preço da ação e o Valor Patrimonial da ação.

**Realizar lucros:** vender ações para converter as valorizações em capital disponível para outros fins.

*Release*: é um comunicado emitido pelas empresas, para dar destaque a informações não financeiras importantes para o melhor entendimento das demonstrações financeiras. Não é um documento de divulgação obrigatória.

**Resistência:** valor historicamente mais alto atingido pela cotação de determinada ação.

**ROE:** sigla em inglês para *Return On Equity*. Também é conhecido no Brasil como RPL, ou seja, Retorno sobre o Patrimônio Líquido. Essa métrica indica o quanto uma empresa é rentável, mostrando o lucro líquido dividido pelo seu patrimônio líquido.

**ROIC:** sigla em inglês para *Return On Invested Capital*, que em português significa Retorno Sobre o Capital Investido, ou seja, o capital próprio da empresa somado ao capital de terceiros.

**SA (S/A):** sigla para Sociedade Anônima, comum nas razões sociais das empresas de capital aberto.

*Short Selling:* venda a descoberto. Estratégia de especulação conduzida por quem aluga um ativo ou derivativo para vender no mercado, na expectativa de queda das cotações para recompra futura com lucro.

*Small Caps:* empresas de porte menor se comparadas com as *Blue Chips*, com baixo volume diário de negociações e pouca liquidez no mercado.

*Stop Loss:* ordem de venda automatizada de uma ação, pré-determinada pelo aplicador junto à corretora de valores, para evitar perdas com quedas excessivas das cotações.

***Stop Gain:*** ordem de venda automatizada de uma ação, pré-determinada pelo aplicador junto à corretora de valores, para realizar lucros.

**Subscrição:** situação que ocorre quando as empresas oferecem novas ações preferencialmente para seus acionistas. O mesmo se aplica aos fundos imobiliários em relação aos seus cotistas.

***Swing Trade:*** operação especulativa de compra e venda de ativo listado na Bolsa, realizada em prazos curtos, que variam de três dias até algumas semanas.

***Tag Along:*** mecanismo de proteção concedido aos acionistas minoritários por um empreendimento que possui suas ações negociadas na Bolsa de Valores, caso ocorra um processo de venda do controle para terceiros, por parte dos acionistas majoritários.

**Termo:** tipo de negócio realizado com pagamento a prazo.

***Ticker:*** código pelo qual os ativos são negociados em Bolsas de Valores. Por exemplo, TIET3 é o código da ação ordinária da Geradora Tietê. TIET4 é o código da ação preferencial da mesma empresa e TIET11 é o código das suas *Units.* Já o BDR do Google usa o código GOOG35.

***Underwrite:*** ato do investidor de subscrever ações ofertadas pelas empresas.

***Units:*** ativos compostos por mais de uma classe de valores mobiliários, como, por exemplo, um conjunto de ações ordinárias e preferenciais.

***Upside:*** é o potencial de valorização de uma ação.

***Valuation:*** conjunto de ponderações técnicas e subjetivas para avaliar uma empresa ou fundo imobiliário, visando encontrar o valor justo de suas ações ou cotas, bem como seu potencial de retorno para investidores.

**VPA:** indicador fundamentalista que expressa o Valor Patrimonial por Ação, ou seja: o valor do patrimônio líquido dividido pelo número total de ações.

Envie seus comentários construtivos:
contato@sunoresearch.com.br

**Outros títulos disponíveis em versão impressa:**

- Guia Suno Dividendos
- Guia Suno de Contabilidade para Investidores
- Guia Suno Fundos Imobiliários
- 101 Perguntas e Respostas para Investidores Iniciantes
- Guia Suno *Small Caps*
- Guia Suno Fundos de Investimentos
- Cultivando Rendimentos
- Lições de Valor com Warren Buffett e Charlie Munger

Projeto editorial: Suno Research
Coordenação: Leonardo Dirickson
Editor: Fabio Humberg
Editor associado: Jean Tosetto
Colaboradores: Gutenberg Neto & Pedro Hordones
Capa: Alejandro Uribe, sobre ideia original de Sarah Mauer & Bruno Perrone
Diagramação: Alejandro Uribe
Revisão: Humberto Grenes / Cristina Bragato / Rodrigo Humberg

**Dados Internacionais de Catalogação na Publicação (CIP)**
**(Câmara Brasileira do Livro, SP, Brasil)**

Baroni, Marcos
    101 perguntas e respostas sobre fundos imobiliários : & o desempenho dos Flls no contexto da crise do Coronavírus / Marcos Baroni & Jean Tosetto. -- São Paulo, SP : Editora CL-A, 2021.

    ISBN 978-65-87953-27-4

    1. COVID-19 - Pandemia 2. Fundo de investimento 3. Investimentos imobiliários 4. Mercado de capitais 5. Mercado imobiliário - Brasil 6. Investimentos imobiliários - Planejamento - Brasil I. Tosetto, Jean. II. Título.

21-81216                                                    CDD-332.6

**Índices para catálogo sistemático:**
    1. Fundos de Investimentos Imobiliários : Economia
        332.68

(Eliete Marques da Silva - Bibliotecária - CRB-8/9380)

Editora CL-A Cultural Ltda.
Tel.: (11) 3766-9015 | Whatsapp: (11) 96922-1083
editoracla@editoracla.com.br | www.editoracla.com.br
linkedin.com/company/editora-cl-a/